公開霊言

魯迅《ろじん》の願い 中国に自由を

Ryuho Okawa
大川隆法

まえがき

七月の御生誕祭あたりを境にして、中国系の霊人がよくやってくる。

今回は、私自身の夢解きから、「魯迅《ろじん》」と「秦の始皇帝」の二人の霊人が出てきた。

この翌日には、台湾の元総統・李登輝《りとうき》氏の死後第一声が収録されているので、私のほうは大忙しである。

「魯迅」といっても、今の日本人は、ほとんど生前の考えは分からないだろう。百年ほど前に中国近代文学の父としてたくさんの作品を書いたが、「阿《あ》Q正伝《せいでん》」と「狂人日記」ぐらいが知られている。ペンネームを七十八個も使って作品を書き分けているので、その思想はつかみにくいが、要は、中国独立に向けての、革命運動だったといえよう。
その魯迅が、百年後の中国を見て、毛沢東《もうたくとう》革命の果実と、習近平《しゅうきんぺい》の覇権《はけん》主義に怒っている。「中国に自由を」それが彼の真の願いだ。

二〇二〇年　八月十一日

幸福《こうふく》の科学《かがく》グループ創始者兼総裁《そうししゃけんそうさい》　大川隆法《おおかわりゅうほう》

公開霊言　魯迅の願い　中国に自由を　目次

第一部　中国近代文学の父・魯迅《ろじん》の霊言《れいげん》

二〇二〇年八月一日　収録
幸福の科学　特別説法堂《せっぽうどう》にて

3 中国の覇権《はけん》主義について　44

4 中国の思想的誤りの根源を考える　58

第二部　秦の始皇帝 vs. 洞庭湖《どうていこ》娘娘《ニャンニャン》

第1章　秦の始皇帝の霊言

二〇二〇年八月一日　収録
幸福の科学 特別説法堂にて

4　中国霊界の実態を探《さぐ》る　184

5

浮《う》き彫《ぼ》りになる始皇帝の思想的限界

6

洞庭湖娘娘を招霊する

第2章　洞庭湖娘娘の霊言

二〇二〇年八月一日　収録
幸福の科学 特別説法堂にて

「霊言現象《れいげんげんしょう》」とは、あの世の霊存在の言葉を語り下ろす現象のことをいう。これは高度な悟《さと》りを開いた者に特有のものであり、「霊媒現象《れいばいげんしょう》」（トランス状態になって意識を失い、霊が一方的にしゃべる現象）とは異なる。外国人霊の霊言の場合には、霊言現象を行う者の言語中枢《ちゅうすう》から、必要な言葉を選び出し、日本語で語ることも可能である。

なお、「霊言」は、あくまでも霊人《れいじん》の意見であり、幸福の科学グループとしての見解と矛盾《むじゅん》する内容を含《ふく》む場合がある点、付記しておきたい。

第一部　中国近代文学の父・魯迅《ろじん》の霊言《れいげん》

二〇二〇年八月一日　収録

幸福の科学　特別説法堂《せっぽうどう》にて

魯迅《ろじん》（一八八一～一九三六）

中国の作家、思想家。浙江省紹興《せっこうしょうしょうこう》生まれ。本名は周樹人《しゅうじゅじん》。一九〇二年、日本に留学して医学を学ぶも、文学の重要性を痛感し中退。帰国後、一九一八年に、旧体制下の中国を痛烈《つうれつ》に批判した小説『狂人日記《きょうじんにっき》』を発表する。以後、代表作『阿《あ》Q正伝《きゅうせいでん》』をはじめ数多くの小説、論評を執筆《しっぴつ》、さらには、外国文学の翻訳《ほんやく》、紹介《しょうかい》にも努めて、中国の近代文学を切り拓《ひら》いた。一九三〇年、左翼《さよく》作家連盟に参加し、国民党の進歩派弾圧《だんあつ》に抵抗《ていこう》の姿勢を示した。

［質問者二名は、それぞれA・Bと表記］

〈霊言《れいげん》収録の背景〉

大川隆法総裁が二〇二〇年八月一日の明け方にかけて見た夢の意味を調べるために、その夢を導いた霊人《れいじん》を招霊《しょうれい》した。

1　北京《ペキン》の夢の「夢先案内人」を招霊《しょうれい》する

大川隆法　今日は二〇二〇年八月一日です。

今日の夢といいますか、夜中から明け方にかけて、何度も何度も中国に行く夢、特に北京《ペキン》だと思われる所に行く夢を見ました。

観光のようではあるのですけれども、ホテルに泊《と》まって、何かの乗り物で観光を少ししながら、主としてデパートのような所に案内されて、いろいろな品物があるところとか、買い物をしているところとか、まあ、自分も買い物をしましたけれども、そういう感じの夢を繰《く》り返し何度か見ました。

でも、案内してくれている人は、中国人で男性だったと思います。

台湾《たいわん》の李登輝《りとうき》さんが亡《な》くなったと昨日《きのう》聞きましたが、台湾のほうの夢を見るかなと思ったら北京のほうの夢を見ていたので、これはちょっと不思議な感じがしました。

また、何回か買い物などに行って経験して、「ああ、資本主義の外見的なところは、そうなっているのだな」とは思ったのですが、しかし、「やはり、孔子《こうし》の思想が霊界《れいかい》思想とか神や仏に届いていない部分が、そうとう底流に流れているために、それ以上のことを考えさせないのではないか。日本で、霊界や宗教について言わずに、ビジネスや政治、マスコミがやっているのと同じように、その孔子の思想が天井《てんじょう》になっているのではないか。だから、孔子の思想を折伏《しゃくぶく》しなければ、これは駄目《だめ》なのではないか」というようなことを、夢の最後のほうで私は思っていました。

特に、孔子の思想でも、『論語』等では弟子《でし》とのやり取りをしていますけれども、あれは一種のディベートであって、「ああ言われたらこう言い返す」というような感じの、鋭《するど》い言い返しをするものが中心になっています。

今、中国の外交などでも、必ずアメリカ等のほかの国に対して、「自分のほうの非は認めずに、相手側のほうを攻《せ》め込《こ》んで言い返す」ということを繰り返しやっていますので、意外にこれは、「孔子の思想の限界が、宗教的な思想の発展等を妨《さまた》げているのでないか」という感じも受けました。

まあ、印象としてはそういうところで、台湾系の夢を見るかと思ったら、こちらの北京のほうを夢に見て、孔子に対する疑問をちょっとだけ持ちました。

こうした夢を見たので、誰《だれ》か、その夢を導いた「夢先案内人」がいたなら、意図・趣旨《しゅし》等をお話しいただければ幸いかと思います。

（約二十秒間の沈黙《ちんもく》）

2 自由が失われている中国の現状を嘆《なげ》く

中華《ちゅうか》民国時代の作家・魯迅《ろじん》の霊《れい》が現れる

魯迅　うーん。魯迅《ろじん》と申します。

質問者Ａ　魯迅さん。

魯迅　まあ……（ため息交《ま》じりに）、名前はかすかに、聞いたことがあるとは思いますが。

質問者Ａ・Ｂ　はい。

魯迅　何をした人かは、日本人は九十九・九パーセント知らないと思います。まあ、物書きをしたりしたことはありますけどね。内容については、おそらくは、もう、日本の方はご存じではないと思います。

質問者A　教科書では勉強しますね。

質問者B　はい。

魯迅　はい。〝今の中国になる前の中国〟の文化人ですね。

質問者A　国籍《こくせき》は「中華《ちゅうか》民国」になっています。

魯迅　そうです。だから、今の中国になる前の中国で、まだ、「中国をどうしていくか」というようなことを考えていた時代？　まあ、ある意味では「中国のトルストイ」みたいなところはあったのかなと、自分では思っているんですけどね。

質問者Ａ　確かに、ロシアの小説などをお読みになって、影響《えいきょう》は受けている。

魯迅　そうです。だから、今の中国をね、思想的に正しく導きたいなとは思っているんですけどね。

「現在の中国に対する強い危機感を抱《いだ》いている」と語る魯迅

質問者Ａ　魯迅様が来られるのは初めてですか。

魯迅　初めてでしょうねえ。まあ、ニーズがありませんから、呼ばれることもないと思います（笑）。

質問者A　そんなことはないです。

魯迅　もう古い、百年前ぐらいの小説でしょうからね。出ているのは。

質問者A　『阿Q正伝《あきゅうせいでん》』。

魯迅　そうです。それが有名でしょうけど、まあ……。

質問者A　『狂人日記《きょうじんにっき》』。

魯迅　……でも、まあ、気持ち的には、「中国のトルストイ」の気持ちは持っています。

質問者Ａ　なるほど。

魯迅　だから、正しく導きたかったんですけれども、毛沢東《もうたくとう》思想からあと、軽薄《けいはく》な政治思想？　薄《うす》っぺらい政治思想でみんな洗脳されて、七十年間、中国人が囚《とら》われていますのでね。

「物質的繁栄《はんえい》が成功したから、これで成功なんだ」ということで、みんな、納得《なっとく》させられようとして、打ちつけられている感じなんですよね。

だけど、その物質的繁栄だって、実際は、三分の一ぐらいの人が味わっているだけで、残りの三分の二ぐらいの中国人は、まあ、異民族であることもあるし、少数民族であることもあるんですけど、その繁栄に与《あずか》っていない人はいっぱいいます。

だから、私は、共産主義革命が、本当の意味で理想的なユートピア運動であるならば、決して否定する気はありませんけれども、だいぶ違《ちが》うんじゃないかと。本音と建前が、かなり違うんじゃないかと。だから、一部のエリートのための、共産党エリートのための政治になって、彼らのための繁栄になっているんじゃないかと。

それから、「現在の中国は、今のままでは、国際的にも孤立《こりつ》していくんじゃないか」ということに対しては、強い危機感を持っています。

十四億人が情報警察の監視《かんし》下に置かれている中国の現状

魯迅　だから、中国のなかで「本当の革命」が起きなければいけないし、その前に「思想的革命」が起きなければいけないんですけれども、思想的革命は、やっぱり「言論の自由」とかがなければ無理だし。
だから、演説もできず、本も書けない？　自由に出せないっていう。あの大国で、あれだけの人がいながら、いろんな人の意見が十分に出せないで、警察にいつも見張られている状況《じょうきょう》というのは、実に嘆《なげ》くべき状態かと思います。

質問者A　はい。

魯迅　「十四億人いて、その少人数の政府の人たちを倒《たお》せないのか」っていうか、うーん……。

これをね、何か、日本の大川隆法先生なんかは的確な情報を発信してくださっていますけどね。それがまた、中国の人に直接には届かない状況だし。

日本のマスコミなんかも、反日的なことばかりよく報道するので、日本政府が困るような内容ばっかりするので、中国の人たちは自分たちの正しい姿を知らずに、日本の悪いところばっかりを聞いて、「やっぱり、われらのほうが、今、勝利しているんだ」っていう反日教育を、永遠に報道ではやられている。

あなたがたもご存じのように、九州の大洪水《だいこうずい》は中国でいっぱい報道されて、中国の長江《ちょうこう》の氾濫《はんらん》で大勢の人が……。

質問者Ａ　犠牲《ぎせい》になって、被害《ひがい》が出ています。

魯迅　何千万人、四千五百万人も避難《ひなん》して、二兆円以上の被害が出ていると言われているのに、こんなことはもう〝小さく〟しか扱《あつか》わないで、知らされないようにする。

質問者Ａ　いちおう報道はするのですが、冒頭《ぼうとう》で、「政府がこういう対策を打っていて、みなさん、安心・安全の上に生きていけます！」というようなことを言って、それで完結して終わっていて、あとは日本の九州などの被害状況をバンバン報道しているので、中国の方は、日本のほうの心配を余計にしてくださっているという状況のようです。

魯迅　まあ、それもあるし、反中国的報道をしたらブラックアウトしてね、流れませんからね。すぐ消されちゃうので。

質問者Ａ　うーん。そうですね。

魯迅　まあ、私もそうした機械類の進化？　百年後の世界についてはよくは分かりませんけど、なんでそういうふうにできるのか、どうして自由に情報を伝達し合えないのか。

インターネットが流行《はや》ってですね、いろんなツールが増えて、個人の意見がいろんなかたちで拡散できる時代のはずなのに、どうして情報警察みたいなものでそういうものが取り締《し》まれて……。思ったところと違うほうへ行っていますよね。私みたいな人間が小説を書くことも、思想を発表することも、難しかろうとは思うので。

中国にも「隠《かく》れた光の天使」はたくさんいると思うんですけど、現代はみんな潜《もぐ》っていますよね。地下に潜っていて、意見も行動もできない状態。香港《ホンコン》で一部やっている人たちは分かりますが、それも先は見えない。年内以降、もう見えない状況でしょうね。

完全に情報統制された社会を「進化」とする考え方

魯迅　今は香港の選挙等も、ちょっと先延ばしするようなことを行政長官のキャリー・ラムが言っていますけれども、おそらく、「トランプの大統領選が終われば、逆（民主党政権）になるかもしれないし、反対側に行くかもしれないし。あるいは、行かなかったとしても、大統領選をやっているあたりのときに選挙をやってしまえば、何にも介入《かいにゅう》できない」と考えて、「今、先にやらないほうがいい」と思って、先延ばししているんだろうと思うんですよね。

質問者Ａ　なるほど。

魯迅　だから、アメリカの選挙も影響はしてくるけれども、中国人たちは本当のことを、今、知らされていない。ウィルス感染《かんせん》だって、「三月で八万何千人まで行って、死者が四、五千人か何か出たあたりで止まって、あとはピタッと増えてもいない」ということで、こんなことがあるわけがありませんよね。

こうした〝完全な情報統制〟のなかに置かれているわけで、これを「進化」したことだと思っている。

質問者A　先ほど、総裁先生もおっしゃっていたのですが、中国の国民の一部の方々は、海外旅行にもよく行けるようにはなっているじゃないですか。日本に来たり、アメリカに留学したり……。

魯迅　ただ、行動は全部把握《はあく》されています。何て言うか、私はよく知らないけど、うーん……、何て言うんですか、「アプリ」って言うんですか？

質問者B　スマートフォン？

魯迅　うん。スマートフォン等で、どういう行動をしたかは全部チェックされているので。団体で旅行するときには、そのグループ長がいるはずなので、それが、全部、各人が何の行動を取ったかは分かっているんですね。

質問者A　そういうことが窮屈《きゅうくつ》だとは思わないのでしょうか。

魯迅　飼いならされてしまっているので。それを受け入れなければ行けない。海外に自由には行けませんし、場合によっては、会話等も、全部盗聴《とうちょう》されています。

今の中国には「官僚《かんりょう》制の崩壊《ほうかい》を招くような思想」が必要

質問者A　夢のなかで（総裁先生が受けられた印象としては）、結局、儒教《じゅきょう》の教えが悪用されているといいますか……。

魯迅　「儒教の非宗教的な部分」が悪用されていると思って……。

まあ、孔子《こうし》自体は、「ユートピア論」ではあろうが、けっこう現実的な政治世界のユートピア論を説いて、まあ、受け入れられなくて、この世では成功しなかった方ですよね。それを、後《のち》の統治者が官吏《かんり》登用試験にいっぱい使って、千年以上、科《か》挙《きょ》の制度に使われてきたものですよねえ。

その名残《なごり》が、やっぱり「官僚《かんりょう》制」っていう考え方のなかに……。日本にもありますけど、官僚制っていう考え方のなかに、「社会主義的な考え方」が入っているので。

「お上《かみ》」がそこで登場して、そのお上が統制する。エリート思想ですよね。これが「共産党」に置き換《か》えられるだけで。「共産党でない者は人ではない」わけで。

その官僚制を生むシステムとして科挙があって、科挙の下《もと》に、『論語』をはじめとする孔子の思想があったので、実に、「統治」……、抑《おさ》え込《こ》む意味での「統治と秩序《ちつじょ》」を揺《ゆ》るがさないためのものとしていいし、官吏登用するにも、試験でやれるということは、「上の政党・政治の中枢《ちゅうすう》部にいる人たちの考えを正解にしなければ、上に上がれない」っていうことですよね。

日本で言えば、文部科学省が、そういう許認可から、大学の序列まで決めているのと一緒《いっしょ》ですよね。

質問者A　確かに。〝お上〟ですね。

魯迅　ええ。だから、これはなかなか手強《てごわ》いけれども。「官僚制の崩壊《ほうかい》を招くような思想」が必要なんだけど。

彼らは、「自由」っていうことは、「三峡《さんきょう》ダムの決壊」ぐらいにしか思っていないんですよ。「自由っていうことは、そういうことだろう」と。川の氾濫で、ダムで溜《た》められなくて、もう田畑《でんぱた》が水浸《みずびた》しになって、稲《いね》も麦も駄目《だめ》になるような、「これが自由だろう」と。

「自由」を「氾濫」という意味に、水が氾濫するようにね、そういうふうに捉《とら》えてはいるわけなんですよ。

だから、中国に、今、本当に、偉大《いだい》な思想家が出なければいけないんですけど、出せない。出そうと思ったって捕《つか》まる状態なので。専制独裁国家と一緒ですよね。独裁者が出るときには、必ず、異端《いたん》、反対の思想は弾圧《だんあつ》していきますので。

「中華帝国《ちゅうかていこく》思想」から近代化ができていない

魯迅　アメリカなんかも、今、中国をずいぶん批判していますが、トランプさんは、確かに、こう、人間的には非常に独断的なことを言う人には見えるけれども、トランプさんに対する反対というか反論の数は、トランプさん自身よりもはるかに多いのが出ていますからね。そのなかを漕《こ》ぎ渡《わた》っていってますからね。

質問者A　それで、（トランプさんに反対している）ＣＮＮの人たちが逮捕《たいほ》されているかといったら、逮捕されていませんので。

魯迅　されてないですよね。だから、選ばれてもいない人たちが、大統領を批判して、内部告発もいっぱいさせて、「それで生き残れるかどうか」っていうのを見るという、すごいシビアな制度ですよね。

それであれば、歴代の中国の統治者たちは、こんなので自由に報道されて批判されたら、みんな失脚《しっきゃく》していきますよね。失脚するどころか、別な人に取って代わられて、暗殺されるっていうのが普通《ふつう》でしょうね。

だから、統治が成功しなければ暗殺される。そういう歴史なんですよ。「自由な言論によって、民主主義的に選んでいく」っていうかね、「国の未来を決めていく」みたいなことはできないでいる。だから、全人代《ぜんじんだい》なんかやったって、全員一致《いっち》ですよ。反対した人は、それは〝消され〟ますから、そのあとね。

質問者B　やはり、歴史的に、自由についての思想が足りないという……。

魯迅　難しいねえ。長らく「中華帝国《ちゅうかていこく》思想」で威張《いば》ってはいたんですけどね。「近代、現代に対してどうするか」っていう、その変化の仕方の問題ね。日本がひとつ、「脱亜入欧《だつあにゅうおう》」で成功したのでね、中国も何かやらなければいけないけど、その脱出の仕方がねえ。

まあ、欧米の植民地だったり、日本の植民地だったり、いろいろ時代があったので。その反発だけをバネにして、独立してるつもりでいるので。だから、あくまでも、そういう、「白人の植民地支配に反対」「黄色人種《おうしょくじんしゅ》のくせに、日本人による優越《ゆうえつ》主義に反対」みたいな感情で、敵をつくってそれを批判し続けることで、自分たちを正当化し続ける。

でも、まあ、七十年もたったら、もう日本の責任なんかないと私は思いますよ。中国人自体の問題で、「そのなかで、腐《くさ》ったものがあるんじゃないか」ということですよね。上層部が腐ってるし、そんなインテリでもなかった毛沢東をね、祀《まつ》り上げて神のごとくして、「思想の自由」を奪《うば》ってしまった。

そして、経済的繁栄だけは一部認めたけれども、だけど、欧米の仲間に入れない。アメリカに留学したり仕事で行っても、ほとんど〝スパイ要員〟で入って、企業《きぎょう》のハッキングをする。自分たちで学んでから考えるのではなくて、もうすでにアメリカにある、大学の技術や企業の技術を盗《ぬす》むために行っているみたいな。

これは、この国の大きさから見て、世界のトップ国とか覇権国《はけんこく》を目指すには間違ったあり方、まあ、北朝鮮《きたちょうせん》と、ある意味では変わらないところはあると思いますよ。

民主活動家が地下に潜《もぐ》らなければいけない社会の恐《おそ》ろしさ

質問者B　近代化していく時代に、日本も中国も両方ご覧になっていると思うのですけれども。

魯迅　はい。

質問者B　日本も、現時点でアメリカほど自由があるかと言われると、そうではなく、まだ「お上意識」が強い国ではあると思うのですけれども、中国よりは自由がある国だと思います。そのように変化していけた日本と、中国との違いは、どういったところにあったと思われますか。

魯迅　まあ、国際的な比較《ひかく》指標はいっぱいあるから、それぞれに違う思惑《おもわく》はあるんだとは思うけど。

現実に、日本では本は出せますしね。広告とかでも、多少制限とかはされる場合はあるだろうけれども、国営放送というか、公共放送といわれるようなＮＨＫで、政権の批判が堂々とできたり、政策の批判ができますのでね。〝反日本〟であるところの共産党（苦笑）、日本共産党でさえ、出てきて意見が言えるような国ではありますよね。

問題としては、幸福の科学のような、宗教政党や宗教の意見みたいなのは、大きな放送局や大手新聞紙等には載《の》せない。まあ、広告、ＰＲみたいなのは、載ることは載るけれども、新聞の広告は載る、本の広告は載るけれども、意見とか言論みたいなものの紹介《しょうかい》は、スポーツ紙レベルでないと出ないし。テレビなんかのコマーシャルになると、かなり厳しくて、そう簡単に流してくれないし。政治的には、やっぱり、進出できないように壁《かべ》をつくっている。

だから、「宗教に協力することは倫理《りんり》に反する」というような感じでの報道協定はされているのは知っています。その意味では、似たようなところはあるとは思うんですが。

それでもまだ、何て言うか、「地下に潜《もぐ》らなければいけない」というほどのものではないので。

質問者Ａ　なるほど。

魯迅　意見は言っても、首相の批判をしても、天皇の批判をしても、警察が逮捕に来るっていうことは、日本ではありません。まあ、タイなんかでは、逮捕されたりもするというけれども。

今の中国なら、十四億も人がいても、習近平《しゅうきんぺい》の批判をしたら、あっという間に連れ去られますので。

今は、香港の人たちも恐《おそ》れているのは、民主化運動をやった人たちが、今、本当に、ウイグルやチベットみたいなところに、自治区に連れて行かれて、そこの強制収容所に放り込まれたら、もう何も分かりませんからね。情報も発信できないし、情報が入らないし、まったく分からない状態になるので。それをいちばん恐れているることでしょうね。中国国内に移送されたら、もうそれが〝最後〟で、あと、行き先はもう分からない。

これだけ情報の機器が発達している時代で、そんなことができるっていうこと。そんな国ができてしまったということ。もっと恐れなければいけない。

3　中国の覇権《はけん》主義について

アメリカの力が弱ったら、中国は東南アジアの占領《せんりょう》に入る

質問者A　日本とドイツは、大戦のあと、何十年たっても責め続けられていて、「ファシズム」や「ナチズム」に対して、すごく悪く言われているのに、一方では、中国は平気でそういう体制をつくっていて、世界もそれを少し知ってはいるのに何もできないという、とても不思議な構造にはなっていますよね。

魯迅　ですから、今、すごく膨《ふく》らませて、大きく見せてね、「中国の力なくしては、世界の貿易も経済ももたない」っていうふうに見せていますからね。それで、発展途上《とじょう》国を釣《つ》っていく作戦ですよね。

日本が戦後はね、「経済一流、政治三流」と言われてね、特に軍事分野については何もしないできたっていうか、手を抜《ぬ》いてきたのが〝隙《すき》〟でね。「経済だけでならやれる」っていうことで、中国ともやれたところはあるわね。

それがね、いやあ、あちらでは核《かく》兵器をいっぱいつくってですねえ、人民を皆殺《みなごろ》しにできるような体制をつくっているような国が……。また近隣《きんりん》の日本から、フィリピンやベトナムも、もう震《ふる》え上がっていますけど、このへんも、「もうアメリカの力が弱った」と見たら、一気に占領《せんりょう》に入ってくるのは分かっていることなので。それを防げないというなら、とても残念なことですよね。

「ウィルス戦争」の狙《ねら》いは、アメリカの経済的ダメージとトランプ落選

魯迅　それから、アメリカでも、かなりもう分かってはいると思いますけど、今回の「中国発のコロナウィルス」ですねえ。主たる目的はアメリカだったということは、もう、結果を見れば明確ですよ。

質問者A　はい。

魯迅　アメリカに経済的にダメージを与《あた》える目的だし、トランプさんを落選させる目的で、実はこの「ウィルス戦争」を仕掛《しか》けたっていうのは、もうはっきり、私のほうから見れば、はっきり分かるので。

だから、アメリカの年間のGDP、もう、三十三パーセント減が、今、予想されているんでしょう？　三十三パーセント減。ヨーロッパだって、もう、年間を通じたら四十パーセント近く下がるんでないかとも言われていますから。

これは「恐慌《きょうこう》」ですよね。三分の一以上、もし、失業になんかなったり、ほとんどの会社が赤字になる、倒産《とうさん》するっていうようなことになったら「恐慌」で。

アメリカの経済力を落として、また、中国は印象操作して、「ダメージはそれほどなかった。だから、中国が最先端国《さいせんたんこく》だから、これに見習え」という、こういうことを悪賢《わるがしこ》く考えている人たちがいるっていうことですよね。「中国は、もうウィルスも制圧したし、経済は順調で、マイナスではなくプラス成長に戻《もど》れる」というようなことを言っているわけで、一気に覇権《はけん》を取りに入ろうとしているんですよね。

今、だから、これは〝踏《ふ》ん張りどころ〟だと思うんですよ。

これ、中国だけでも不幸ですけど、世界の五分の一だと思っていたのを世界中に広げようとして、「国連なんか、もう要《い》らない」っていう感じですかね。もう中国が支配する世界にしようとしている。

あと、電子機器があればね、ＡＩによる支配なら、ほかの国まで支配はもう可能だっていう、まあ、そういう考えですよね。それができる時代が来たと思っているから。

まあ、アメリカを潰《つぶ》し、ヨーロッパを弱らせれば、そして、日本を組み敷《し》くことができれば、「中国支配」は完了《かんりょう》しますよね。

共産主義の「暴力による革命」や「粛清《しゅくせい》」の考え方は間違《まちが》っている

質問者A　簡単な資料をもとにしていて申し訳ないのですけれども、魯迅さんは、国民党の独裁体制をすごく批判されていたために、中国共産党や毛沢東《もうたくとう》のほうが魯迅さんの功績などを利用して、革命を推《お》し進めていたところもあるようです。そこに関しては、どうお考えですか。

魯迅　いやあ、そのときの共産党は弱かったんですよ。とっても弱かったので。まだ国民党のほうが強かったんですけどね。

いやあ……（ため息交《ま》じりに）、可能性はいくらでもあったんですけどね。だけど、指導者の問題ですよね。だから、毛沢東だって、そんなふうになるとは思っていなかったので。

質問者Ａ　なるほど。

魯迅　国を建てるや否《いな》や、近隣に侵攻《しんこう》して、植民地化するところまで行くとは思ってはいなかったんでね。まあ、プロパガンダの成功ですよね。

まだ、それは国民党のほうが強かったですからね。

それが、うーん……、まあ、国民党も反日にはなっていたんでね。まあ……、「国共合作《こっきょうがっさく》」されて、日本を追い出す運動をやって、アメリカを引き込《こ》むことに成功して、アメリカに日本軍を攻撃《こうげき》させて、自分らの力によらずして独立したっていうかたちになりましたけど。

今にして思えば、台湾《たいわん》みたいになるんだったら、日本に支配されていてもよかったかなという気も（苦笑）、ちょっとしますけどね。

質問者Ａ　当時は国民党と日本政府の間でも、いろいろとやり取りがあって、魯迅さんは、日本政府が国民党に意見を言うことも批判されていたと思うのですが、その当時は、どのような中国を目指したほうがいいと思われていたのでしょうか。

魯迅　うーん……、まあ、それは、なるべく中国のいい部分？　二千五百年も前に「思想の自由」があって諸子百家《しょしひゃっか》が出たような、中国文明の優《すぐ》れたところはあったんでね。そうした、現代でも、「いろんな思想家が出て、自由な議論ができて、先進国に入れるような中国」ならいいと思ってはいたんですけどね。

当時、それは、日本が侵略し始めたころは、そんなにいい気持ちは持ってはいませんでしたよ。だけど、まあ……、結果がねえ、台湾よりは北朝鮮《きたちょうせん》に近い国になったんじゃないかなあと。

それから、「日中国交回復」や「米中国交回復」のあと、彼らは、中国を豊かにすることによって、民度が上がって、知識階級も増えて、民主化すると思ってやってくれていたのが、そうはならなかったっていうところですよねえ。

独裁体制になってしまって、今、本当に、もう完全にヒットラー張りの〝完成されたファシズム〟になってしまっている、ナチズムになってしまっているという。反対する者は全部捕《つか》まえて、強制収容所ですから。あるいは、殺されている者もいると思うので。

やっぱり、共産主義の発想のなかにある「暴力による革命」？　「悪いやつは粛《しゅく》清《せい》していいんだ」っていう考え、これは、ロシアでも中国でも一緒《いっしょ》でしたからねえ。ここは、やっぱり間違《まちが》っていたっていうところは反省すべきだと思いますね。

アジアからオーストラリアまでを支配下に置こうとしている

質問者Ａ　あと、ダーウィンとか、ニーチェの……。

魯迅　ああ。時代がねえ、近かったんでねえ。

質問者A　時代も近くて、その影響《えいきょう》も多分に受けられていたようで、ニーチェのところは英雄《えいゆう》思想とか、ダーウィンからは進化論とか、そういうものも中国国内に啓《けい》蒙《もう》されたかったところもあるようなのですけれども、そのあたりについては、今から考えると……。

魯迅　まあ、ニーチェは……。おそらくヒットラーなんかも、ニーチェの超人《ちょうじん》思想とかは影響を受けていると思うんですよ。自分こそがその超人で、まあ、〝ウルトラマン〟ですよねえ。「国民を第一次大戦の敗北から立ち直らせて、ヨーロッパの覇者にするための〝ウルトラマン〟だ」っていうような思想に便乗《びんじょう》はしたと思うし、それが成功している間は、国民も拍手《はくしゅ》を送っていたと思うんですよ。

急速に回復してね、経済が。第一次大戦の賠償《ばいしょう》、莫大《ばくだい》な賠償からね、立ち直ったあたりは、今の中国共産党が「経済的に成功した」って言っているのと同じような感じで。反対の思想はいっぱいあるんだけど、経済的に成功しているっていうことが金科玉条《きんかぎょくじょう》になってねえ、それで、ヒットラーを支えていたところはあるんだとは思うんだけど。これが次に、侵略に入ったらね、国の立て直しまではよくても、これから侵略に入ってきたら、それは大変なことになると思いますよ。

今の中国は、確実に侵略に入る。弱い国からもう攻《せ》め取っていくよね。チベットの隣《となり》のブータンも狙《ねら》っているし、ネパールも狙っているし、次のインドが覇権戦争に入ってくる前に、インドも叩《たた》きたいし。フィリピンのあたりも、要するに、魚をもっともっと獲《と》りたいからね。

質問者A　なるほど。

魯迅　漁業資源と海底油田の資源等があるので。だから、「アジアの海」は、全部「中国の海」に変えたいと思っているので、まあ、フィリピン、ベトナム、日本等を威圧《いあつ》して、このへんを完全に押《お》さえたいですよね。

そして、次の段階は、たぶんオーストラリア？　オーストラリアまでアメリカの覇権を退けて、オーストラリアまで、実は〝朝貢国《ちょうこう》〟にしたいっていう考えを持っている。なぜなら、鉄鉱石とか資源が豊富なので。鉄鉱石が欲《ほ》しい、石炭も欲しい。だから、オーストラリアまで自分たちの支配下に置きたいっていう気持ちは持っています。

中国は、今、ヨーロッパの一部や中東の油まで取ろうとしている

質問者A　どこから、そこまでの……。ある意味、そこまでの覇権を持ちたいという思いを、なかなか持てるものでもないとは思うのですけれども。

魯迅　いや、国のなかの不満を、やっぱり、消すには……。

質問者A　外に……。

魯迅　そう、そう。外に対する成果を発表すると、みんな黙《だま》るんですよ。

質問者A　なるほど。

魯迅　それは、日本もかつて、「日本軍が勝っている」と言っているときは、国民は提灯《ちょうちん》行列していたと思うんです。日清《にっしん》・日露《にちろ》等で成功したりしたし、まあ、大東亜《だいとうあ》戦争でも、最初のころは勝っていましたから。本当に、ものすごい早さでいろんな国を落としていったから。

あれを中国はまねしたいと、本当は思っているんですよ。「電撃戦で、一気に近隣の国を取ってしまいたい」っていう気持ちは持っているんですよ。

だから、「歴史上の中国の版図《はんと》として最大のものを超《こ》えたい」という気持ちまで持っているようなので。あとは、まあヨーロッパまで入っているから。「ヨーロッパの全部は無理でも、弱い国あたりまでは取ってしまいたい」ぐらいの気持ちを持っているから、当然、中東の油田も全部入っているので。

それが、中国十四億人が二十億人になっていくための条件だと思っていると思うんですよ。

あと、アジアの諸国民たちは、どちらといえば、ローマの時代の奴隷《どれい》みたいに、アフリカ人を奴隷にしたような奴隷階級にして、経済的な下支えのほうをやらせて、中国人は上のほうの、何て言うか、経済的繁栄《はんえい》のほうの〝上澄《うわず》み〟のところだけ、〝上澄み液〟みたいなところだけを吸い取って。そんな、劣《おと》ったアジアの人々を下で働かせたいっていう、たぶん、その考えだと思います。

質問者A　なるほど。

魯迅　時代がズレてはいるんですけれど、そうとう。

これを、現代のAＩや監視《かんし》システムを駆使《くし》して、監視カメラや、こういうものを駆使して、日本も、「中国のための一研究所」ぐらいにするつもりでいると思います。

4　中国の思想的誤りの根源を考える

神仏について言及《げんきゅう》されなかった『論語』の問題点

質問者A　総裁先生の夢のなかでは、最後、「やはり、儒教《じゅきょう》の考え方のなかの問題も出てきているのではないか」ということだったんですけれども。

魯迅　まあ、それはあるわね。

だから、今の唯物論《ゆいぶつろん》・無神論勢力で政治的に押《お》さえ込《こ》んでいるのを、形式的なものだと思っていると思うけれども、憲法では「信教の自由」があって、公式に五つぐらいの宗教は認められていることになっている。だけど、現実には「信教の自由」はないので。その宗教に登録している人は、その活動は全部把握《はあく》されて、見られていますし、逆に、中枢部《ちゅうすう》の洗脳はできないようにされていますから。

これは、やっぱり孔子《こうし》がね、もし書籍《しょせき》のなかでね、『論語』なんかのなかで、「神を信ずるべきだ」とかですねえ、そういうことを言ったり……。「あの世の怪力乱神《かいりきらんしん》を語らず」で、「そういう妖怪変化《ようかいへんげ》や幽霊《ゆうれい》や、あの世の霊の話とか、生まれ変わりとか、そんなことについては私はかかわらん」みたいなことを言って逃《に》げたけど、これを、近代のヨーロッパのカントみたいな観念論哲学《てつがく》で、「もう神が要《い》らない世界」「理性だけが支配する世界」みたいなのをやったのが、ちょっと……。

まあ、ヨーロッパ、欧米《おうべい》であっても、キリスト教はあっても、それは個人的なものや家庭的なもののほうで、表の世界からは、学問的世界からは、そういうものをちょっと後退させていこうとしてますよね。「教会だけで信仰《しんこう》していろ」というふうになっているけれども。

『論語』は都合《つごう》のいいことに、その本典のなかに「神」も「仏」も出てこないので。そして、自分も、孔子自身も、実は成功しなかった方であるので、〝傀儡《かいらい》〟として使いやすいということだと思うんですよね。

『狂人日記《きょうじんにっき》』の「狂人」とは「自由人」のこと

質問者A　総裁先生の夢のお話を聞いて、「どういう方が、これを言っているのかな」という感じだったんですけれども。

これは、簡単な資料のなかにも出てくることなのですが、魯迅さんは、雑誌「新青年」というものを一九一八年ごろに出されて、『狂人日記《きょうじんにっき》』という小説などを発表されていました。そのころの小説について解説している方がいるんですけれども、その人が言うには、「魯迅は、この小説のなかで、表では礼節を説く儒教が、裏では命の抑圧者《よくあつしゃ》として人を食ってきているということを指摘《してき》して、真の人間となることを説きたかったのではないか」ということです。

魯迅　「狂人」というのはね、言葉は悪いけど、「狂人」っていうのは「自由人」のことなんですよ。

だから、自由に発想して行動する人たち？　まあ、今で言えば起業家たち？　新しく企業《きぎょう》をつくる。国営企業じゃなくてね。そこに勤めるのが当たり前だと思っている人たちもいるけれども。あるいは、農業は全部農協みたいなね、人民公社みたいなものが支配するのが当然だと思っているのではなくて、自由に企業をつくったり、自由に農業をやったり、自由に本を出版したりするような人たちを「狂人」と呼んでいるわけなんですよ。

質問者Ａ　なるほど。

魯迅　だから、そういう思想は必要だということだし。

結果的に〝負の遺産〟が強くなったニーチェやダーウィンの思想

魯迅　さっき、ああ、そうか。ニーチェと、あとダーウィンも言われていたけれども、ダーウィンだって、当時は、可能性は感じたのは感じたんですけどね。

ただ、ダーウィンの持っている、その「神が要《い》らない世界」みたいな、唯物論的に感じるところばかり強調されているけど、ダーウィン自体は、「神への信仰」はちゃんと説いてはいるので。「神が計画されて、進化論というのをつくられたのではないか」というふうに説いているのに、そこは落ちてしまって、「競争による適者生存」的な考え方がね、流行《はや》っていたけど。

これは、ある意味では、いいふうに取れば、自由主義の市場経済的なものになると思うんですよ。

質問者Ａ　なるほど。

魯迅　いいものが残って、悪いものが消えていく。だけど、今の共産党一党独裁制だったら、そういうふうな淘汰《とうた》は起きないんですよ。要するに、反乱、反抗《はんこう》する者を潰《つぶ》していくっていうことだけなんですよね。

だから、香港《ホンコン》なんかが、ああいう自由な、民主主義的な政治をつくろうとしているのが、単なる、いわゆる梁山泊《りょうざんぱく》で、『水滸伝《すいこでん》』のね。ああいう、悪い、犯罪を犯《おか》して逃げ込んだ人たちが暴《あば》れているみたいな、カンフーや槍《やり》や剣《けん》や弓を使って、反政府で暴れているように見えているので、あれを何とか飼いならして、政府軍のなかに組み入れて、敵と戦わせる方向に向かわせようと。

だから、「香港が北京《ペキン》に向かって戦いを挑《いど》んできているのを、香港が台湾《たいわん》を折伏《しゃくぶく》するみたいな感じに持っていけないか」とか、そんなふうに考えているはずなんですよ。

質問者Ａ　「秩序《ちつじょ》」という名目の下《もと》で、国の安定、体制の安定だけを求められている社会では、「自由」を求める人たちが「狂人」に見えてしまうということですか。

魯迅　だから、まあ、そういう専制独裁体制を壊《こわ》すには、「ニーチェ的な超人《ちょうじん》の思想」だって、「ダーウィンの進化論」だって、うまく使えば、使えるところはあったんですけどね。やっぱり、〝負の遺産〟のほうが強くなってきたし、日本にもそうだし、アメリカにもたぶん入っているから。

ややや、自然科学者たちが、この宗教のほうを批判するっていうか、信じなくなっていく方向性にはなってきてはいますよね。

日本なんかも、もう明治時代から、そういう「宗教を批判する勢力」がそうとう強くなって。正規の「表側の世界」から消そうとしていましたよね。でも、天皇が、そのころはまだ強かったから。

だから、習近平《しゅうきんぺい》とかは、毛沢東《もうたくとう》もそうだと思うんだけど、「自分が天皇みたいになりたかった気持ち」はあるんじゃないかと思うんですよ。

質問者Ａ　権力を持っている、「元首としての天皇」ですよね。

魯迅　そうそう、そうそうそう。

毛沢東は、でも「経済」は分からなかったからね。「農業」しか分かってなかったから。農業以外の経済は、工業も商業も分からなかったので、それで失敗した。「大躍進政策《だいやくしんせいさく》」も失敗したし、「文化大革命」なんかも、四人組で、奥《おく》さんも入っていたけれども、文化人を弾圧《だんあつ》して、みんな逃げ惑《まど》う。あれは、ポル・ポト？

質問者Ａ　そうですね。

魯迅　ポル・ポトのあれですよ、知識人狩《が》り？

質問者Ａ　はい。

魯迅　留学した人とか大学を出てる人たち、知識人を二百万人も殺して、髑髏《どくろ》にしてしまったっていうの。まあ、あれと一緒《いっしょ》ですよ。文化大革命は、要するに、「うるさいやつは全部殺してしまって、税金を納める農民だけでいいんだ」っていう感じですよねえ。あとは、「毛沢東思想」だけを知っていれば、それでいいんだっていうことですから。

中国の崩壊《ほうかい》には、「外圧」と「内部からの反対勢力」が必要

質問者Ａ　その中国の体制について、総裁先生も警鐘《けいしょう》を鳴らしてきてくださって、もう十数年がたちます。全体主義に対しては、ライフワークとしてもおありになるんですけれども、今、魯迅さんが来られた意味というのはあるのでしょうか。

魯迅　うーん、だから、今のところ、香港もそう思っていると思うけど、やっぱり、「外圧」と「内部からの反抗勢力」等がつながらないかぎり、崩《くず》すのは難しいですよね。そうとう難しい。

普通《ふつう》だったら、あれです。普通の、ほかの民主主義国家であればですよ、長江《ちょうこう》が氾濫《はんらん》してね、四千五百万人が避難《ひなん》して、そして、何兆円もの被害《ひがい》が出てねえ、イナゴやバッタの害が出てねえ、まあ、本当に、経済的にはものすごく落ち込んで、けっこう厳しい状態にもなっているにもかかわらず、〝大本営《だいほんえい》発表〟し続けている政府っていうのは、これ、誰《だれ》かが負かしてくれないと、どうにもならないところがあるんですよね。

だから、本来なら、アメリカに叩《たた》いてほしいところだけど。

〝アメリカを弱らせる〟ことを、私は卑怯《ひきょう》だとは思うんだけど。だから、「自然発生的なウィルスが世界に広がってこうなった」みたいな言い方でしょ？　「アメリカ発のものがある。ヨーロッパ発もある。日本発のウィルスもある」みたいな言い方をして、逃《のが》れているでしょ？　もう、口で言い逃れて。ディベート能力だけ高くてやっていますけれども。

これは、明らかに「ウィルス戦争」なんですよ。だから、〝先にやられた〟んですよ。中国に使われたので。

これは、トランプさんも気づいてはいるんだろうから、今の足をすくわれる政治体制のなかで、中国にどれだけの圧力をかけられるかは分からないけれども。中国も苦しんでいるのは事実ではあるけど、それでも、夜郎自大《やろうじだい》で大きく見せてやっているけど、私としては、北朝鮮《きたちょうせん》や今の中国の体制は、やっぱり潰れてほしいなあと思う。

「情報の自由」「報道の自由」があれば、あっという間に革命が起きる

魯迅　私は、まあ、それはいろいろ、あなたが、「国民党を批判した。共産党にも

ちょっとすり寄った」とかいろいろ言われるけれども、文学者でもあるので、それは、「物書きが自由に物を書ける世界」がいいですよね。

質問者A　確かに、文学とか、絵画《かいが》も含《ふく》めた芸術、映画とか、そういうものが抑圧されて、意見が言えなくなるような世界に対しての反発で、一貫《いっかん》されているのかなという感じはします。

魯迅　そうなんですよ。

いや、中国だって、今、日本の本や映画、テレビ番組、全部入ったら、それは変わっちゃいますよ。そうとう変わるし。北朝鮮だって当然だし。

まあ、韓国《かんこく》だって、やっぱり入《い》れないように調整してるでしょ？　だから、日本がよく見えてはいけないんでしょ？　そこで一貫しているんですよ。「日本がよく見えないようにする」っていうことでは一貫して。悪く見えるやつは流しますけどね。反日的なものなら流せるけど。「悪人はいつも日本人」ということでやっていますよね。

自分らの責任を回避してやっているけれども、「情報の自由」っていうか、「報道の自由」「公開する自由」がなければ、やっぱり駄目《だめ》なので。

だから、大川隆法さんのこの思想がね、いろんな出された本が全部、これが中国で、本当に本土で、書店で売れて読めるようになったら、北京《ペキン》だってあっという間に変わりますよ。本当に一年で変わっちゃう。革命が起きちゃう。「われわれは、こんな間違《まちが》った世界のなかにいたんだ」って。

アメリカなんかにも留学した人はいっぱいいるのに、ヨーロッパに行った人もいっぱいいるのに、そういうもののなかでは一切《いっさい》言わない。捕《つか》まらないようにするために一切言わないっていう。こういう強権的な政治があっていいのかと。

彼らは「全人代《ぜんじんだい》をやっているので、民主主義をやっている」ぐらいのつもりでいるんだろうけど、だって、全員が「イエス」ですからね。やる必要もないので。まあ、上意下達《じょういかたつ》の命令を出すだけです。

建前は「法治《ほうち》国家」、実際は「人治《じんち》国家」の中国

魯迅　日本に留学する人だって、「政治」は危ないので、「経済」とか、あれでしょ？「経済とか経営の勉強には来てもいいけど、法学部には行かないように」って言われているんでしょ？

建前は、中国は「法治《ほうち》国家」だけど、その法治国家が実は「人治《じんち》国家」であるんですよ。人間がつくった、意図的につくった法律でやられる。

タイなんかもそうですよね。国王に具合の悪いやつは、法律をつくって、あるいは憲法を変えて、する。

それから、ビルマ（ミャンマー）なんかでもそうですよね。例えば、「外国人と結婚《けっこん》したり、外国人との間に子供を産んだような人は大統領にはなれない」とかね。

質問者A　アウンサンスーチーさんを狙《ねら》い撃《う》ち。

魯迅　〝スーチーさん狙い撃ち〟の憲法が平気でつくれる。ね？　「外国人と結婚したことがあるからなれない」とか、こういうことができる。

こういうのは「法治主義」じゃないんですよね。本当は、自分たちが「人治」をするために、罰則《ばっそく》をいっぱいつくっているだけのことであるんでね。

中国によって経済を弱められ、仕事を奪《うば》われてきた日本

魯迅　だから、今、中国に本当はあるのは、〝経済成長の信仰〟一点だった。日本の高度成長期に、「まあ、政治のほうはいいかあ」とかですね、「まあ、軍事のほうを捨てて、経済に邁進《まいしん》したから、こんなに発展したんだ」っていう〝神話〟が広がっていましたよね。それを同じように使っているんだと思うんです。

善意の日本の企業家たちも、中国に行って工場をつくってくれて、ねえ？　労働

者を雇《やと》ってくれてね、すごく貢献《こうけん》してくれましたよ。だから、中国にも車が走るようになりましたよ。

ちょっと前はね、自転車だらけで。自転車でしか行けなかったんですよ。だから、天安門《てんあんもん》事件のころまでだったら、北京を映したって、みんな自転車で走っていましたよ。通勤は自転車ですよ。通勤・通学は自転車。自転車だらけでしたよ。ところが、戦車にね、あっという間に粉砕《ふんさい》されて。

まあ、今は車もいっぱい……。トヨタの工場もあって、逆に逃げられなくなっているかもしれませんけどね。逃げたら、それは、ちゃんと中国に没収《ぼっしゅう》されてしまうからね、逃げられなくなっているかもしれないし。

質問者Ａ　そうですね。

魯迅　まあ、松下《まつした》……、パナソニックかな？　とか、ソニーとか、いろんなものも入ってくれたと思うけれども、結局、日本経済を弱める力は働いて、日本の仕事を奪《うば》って。「ただの単純労働でいい」と言って入っていきながら、だんだんにソフトを抜《ぬ》いて、自分たちでできるように変えていこうとしていくところですよね。

もうすぐ〝全部取られる〟ところだと思いますよ。だんだんに、「資本を投下した配当収入だけでもあればいい」みたいな感じに持ってきて、実質上、全部取ってしまう路線だろうと思うんですよね。

そういうこともあって、アメリカは航空技術なんかは、日本には全部は与《あた》えないようにしていますよね。日本に独自に持たせると、中国に行ってしまうからね。

中国の工業発展は〝蜃気楼《しんきろう》〟にしかすぎない

魯迅　まあ、「第二次大戦のやり直し」の部分もあるのかもしれないけど。アメリカが空襲《くうしゅう》し、原爆《げんばく》まで落として日本を倒《たお》して、中国国民を解放したつもりでいるのに、その中国が、今度はアメリカの敵になって、アメリカを潰そうとしている。そして、アジアを植民地にしようとしている。だから、ここで何ができるかっていうことですよね。

まあ、何とかして、その……。やっぱり、まずは「思想の次元」から入らないと。「考える材料」がなければ、どうにもならないんじゃないかなあとは思うんですけどね。

まあ、何とかして、一枚岩の強権的政治を倒していただきたい。

目先の工業的発展とか、目先の大きなビルを建てたりね、タワーを建てたり、会社でいっぱい金が儲《もう》かっているように見えているようなもの、これが〝蜃気楼《しんきろう》〟だっていうことを分かってほしい。

だから、金儲け以外のことは考えないようにさせているんですよ、インテリ階級に近い人たちにはね。

下のほうの人たちは貧しいままですよ。相変わらず、本当に月一万円、二万円の収入で生きている人たちなので。電化製品だって十分に買えない。電気が通っていない村に住んでいる人がいっぱいいますよ。北朝鮮と一緒でしたよ。

質問者Ａ　本当ですね。

魯迅　本当にそうなんですよ。だから、「共産主義」なんて、まったくの嘘《うそ》ですよ。だから、都市部で大儲けした人たちは、そのお金を税金として、そうした貧しい人たちのところをよくするために使われなければいけない。

質問者Ａ　そうですね。（共産主義というなら）分配しなければいけないですよね。

魯迅　使われなければいけない。

ところが、軍事優先で、軍事開発に金を使って、人工衛星とか宇宙進出にも金を使って。あれは、もう戦争用ですよね。それを、次は近隣《きんりん》の国を脅《おど》す材料に使っているということですね。

日本によるアジア共栄圏《けん》をつくってほしい

魯迅　いずれにしても、このままでは何かの戦争は起きる可能性が高いとは思っていますが、できるだけそれを小さく、被害を小さくして、平和的に終わらせていかなければいけないと思うので。中国内部で呼応する勢力を使わなければいけないし、世界が見ている前で、香港を〝見殺し〟にして潰していくようなことがあってはならないと思うし。

「香港で出版社をやっている人、社長がいきなり拉致《らち》されて、中国本土内に行ったら、もうどこに行ったか分からない」みたいな、こういうのは、やっぱりやめたいですよね。

台湾だって、本当に怖《こわ》がっていると思いますよ。「本気でやれば、一週間もあれば取られてしまうんじゃないか」っていう恐怖《きょうふ》はあるから、日本に何とか、そのへんですね、連携《れんけい》して護《まも》ってくれるようなアジア共栄圏《けん》を、やっぱり、もう一回つくってほしい気持ちはあると思うんですよ。日本に、台湾やベトナムやフィリピンあたりとも共同防衛圏をつくってもらって、侵略《しんりゃく》されないようにしてほしいと、たぶん思っていると思うんですよ。

ところが、日本はまた、国民やマスコミの意見を中心に、「もう軍国主義は駄目だから」というようなことで、謝罪外交ばっかりやってきたんでね。だから、ここが残念なところですよね。

いやあ、私が出たということは、大勢の見るところ、もう、「幸福の科学に何とか頑張《がんば》ってもらわないかぎり、われわれの未来がない」と、やっぱり思っているからです。

中国は天安門《てんあんもん》事件で「情報統制で護《まも》れる」と知ってしまった

質問者B　中国の民主化の気運が高まった時代として、天安門《てんあんもん》事件のころが一つあると思うのですけれども、実際は政府に潰されたところがありました。
そのときの運動で足りなかったものとして、霊界《れいかい》からご覧になっていて何か感じられるものがあれば、お教えいただけますか。

魯迅　国際社会が十分な情報を得ていなかったよね。いまだに分からないので。何人が殺されたかも分からないし、その映像も全部消されていますからね。
あのときに、「情報統制で護《まも》れる」ということを、中国のほうは知ってしまったんですよね。

質問者B　ああ……。

魯迅　情報を与えなければ。だから、今だって、「武漢《ぶかん》でウィルスが発生した」といっても、そこを全然取材できないでしょ？　どこもね。

質問者B　はい。

魯迅　だから、「情報統制さえすれば護れる」ということをあれで学んでしまったことが一つと、ああいう天安門事件があった中国から「経済援助《えんじょ》の手を引くべきだった」と思うんですよ。

なのに日本は、現上皇があのとき天皇になって中国訪問をされたことで、また、経済的な貿易や工場の進出を推《お》し進めてしまいましたね。〝許す〟ことになっちゃった。

今の上皇様が中国へ行くことによって、やってしまった。同じようなことを、実は今年、習近平が日本に来て、天皇と国賓待遇《こくひんたいぐう》で会うことで、また〝免罪符《めんざいふ》〟を取ろうとしていたんだと思うんですよね。

日本が中国とガッチリ手を組むことは、それは、アジアの国にとってはもう「絶望」を意味することなので。もう香港も台湾も、フィリピンもベトナムも落ちることを、それは意味しているんですよ。

だから、これを阻止《そし》するということは、大事なことではあったと思うんですけどね。まあ……、いや、〝悪い国〟ですよ。「人間の持っている邪悪《じゃあく》なるもの」「個人で考えられる邪悪なるもの」は最大限に膨《ふく》らんでいると思います。

日本の〝価値観の基軸《きじく》のズレ〟を崩《くず》せるのは「神からの視点」のみ

質問者A　確かに、本当に、（中国は）ああ言えばこう言いますよね。

魯迅　まあ、人間としてねえ、恥《は》ずかしいことですよ。

質問者A　本当に。

魯迅　仏教でも遺《のこ》っていればねえ、ああいうのは、「反省の思想」でも遺っていればねえ、ちょっとは違うし。そういう「反省の思想」がないなら、せめて攻撃《こうげき》しかできないのなら、「反対の立場から攻撃する言論」とかがあってもいいと思うんですよね。

それから、そういう、「反政府側の新聞やテレビ」とかが存在してもいいと思う。まあ、許さないもんね。

日本も、そういう政府の許認可があるから、そういう〝怖い面〟があるから、中国に完全に降伏すれば、日本だってそんな国になることはあるし。今だって中国や韓国や北朝鮮の悪口は、ほとんど言えないと思うし。ヘイトスピーチとかね、そういうことで断罪してくるマスコミが多いぐらいですからね。

でも、断罪はそれはしてくるけど、断罪されても、「ヘイト」と言っているものが「ヘイト」ではない、本当にまともな「正論」である場合もあるんでね。

ここは、やっぱり、日本の価値観の基軸《きじく》がズレていると私は思いますよ。これを崩《くず》せるのは、やっぱり、「神からの視点」しかないと思うんですよ。そういう、「天《てん》上界《じょうかい》の視点」しかないと思うので。

5　魯迅が日本や世界に望むこと

魯迅は、天上界《てんじょうかい》でどのような仕事をしているのか

質問者A　魯迅さんは、天上界《てんじょうかい》ではどのようなお仕事をされているのでしょうか。

魯迅　うーん……、まあ、「中国のトルストイ」と言っていますけれども。まあ、何人かね、有力な人はいたんですけどね。この世では、結局、悪魔《あくま》にいちばん取り入れられやすい人が生き残ったという。まあ、それは、残忍《ざんにん》・残酷《ざんこく》な人のほうが勝つからねえ、この世ではけっこう。そういう手練手管《てれんてくだ》……。

質問者A　九次元霊《れい》などの神様たちがいらっしゃると思うのですが、魯迅さんが流

れを引く系統で考えると、どのグループに属するのでしょうか。

魯迅　まあ、最近の中国の霊界《れいかい》については、たぶん、あなたがたは疎《うと》いとは思われますけれども。

そうだね、考えが近い人としては、うーん……。例えば、アメリカの黒人解放運動のマルチン・ルーサー・キングさんとか、こういう人には、わりに近い。

質問者Ａ　なるほど。それでは、やはりイエス様系ですか。

魯迅　うーん……、まあ、そっちも入っているけど、そっちだけでもないので。

質問者Ａ　トルストイも、イエス様系です。

魯迅　うーん、まあ……。

質問者B　「正義」とか。

魯迅　うん？

質問者B　「正義」などに関係するということですか。

魯迅　うーん……。あとは、そうだね、比喩《ひゆ》として誰《だれ》を出せば分かりやすいかということですけれども、うーん……。

質問者A　魂《たましい》のきょうだいというか……。

魯迅　いやあ、まあ、そういうのは、私も十分には、よくは分からないんだけれども。できれば、あんな作品ではなくて、本当に、現代に孔子《こうし》の思想をやり直すようなところぐらいまで遺《のこ》したかった感じはするので。

まあ、そこまでは偉《えら》くないのかもしれないけれども、日本だと、例えば幸田露伴《こうだろはん》とか、まあ、そんなような人とは親交はあります。

質問者A　なるほど。

魯迅　それから、まあ、うーん……。宮沢賢治《みやざわけんじ》なんかも好きですし。

質問者A　指導してくれるような存在としては、どなたかいらっしゃるのでしょうか。

魯迅　今、中国はちょっと、本当に不毛なので、厳しいし。ほかの悪い勢力？　天上界じゃない、悪い地獄界《じごくかい》や、もしかしたら地獄界以外のなんか別のところから悪い指導を受けて、全部、霧《きり》が、雲がかかっているような状態になっているので。

質問者A　やはり、国ごとに、いちおう霊界はあるということですよね？

魯迅　霊界はありますよ。霊界はある。

質問者B　いちおう「中国霊界」にいらっしゃるんですか。

魯迅　そうそう。いちおう「中国霊界」にはいるんだけど。

まあ、できれば、現代的には「言論」というか、「筆力《ひつりょく》」でもって何かやりたい感じではあるので。あなたがたの知らない中国の隠《かく》れた言論人たちを、応援《おうえん》はしているんですけど。
あとは、日本とかに逃《のが》れて、日本国籍《こくせき》なんかも取っているような中国人なんかも、まあ、応援はしていますけどね、今ね。

質問者A　本当ですか。

中国の経済発展を進め、日本を潰《つぶ》したアメリカの罪は大きい

魯迅　だけど、このままではいけないですね。
特に、軍事力があれだけ圧倒《あっとう》的に強くなってくると、まあ、アメリカが安泰《あんたい》でないかぎりは、もはや、世界は安泰ではないですね。日本だって安泰じゃないと思いますよ。

質問者A　なぜ、みんな気づかないのでしょうか。

魯迅　いや、気づいても勝てないというのがあるでしょう?

質問者A　ああ……。

魯迅　だから、警察がものすごく強かったらどうにもならないとか、軍部がものすごく強くて、政府が完全に握《にぎ》っているというような場合だったら、もし軍部が反乱を起こしても、日本の五・一五事件とか二・二六事件みたいな、単なる反乱で押《お》さえられてしまえば、それで終わりですからね。

本来は政治で政権が替《か》わったりすべきことを軍部がやることを、あまり期待しすぎても、その反乱したやつがまた悪くなったらたまりませんからね。クーデターをやったその軍人が、次の独裁者になることもあるから、気をつけなければいけない。

質問者A　でも、過去の日本の政治家の方々も、天上界に還《かえ》っていたとしても、やはり、反省は多少迫《せま》られてしまうところはあるかもしれませんね。

魯迅　そうなんじゃないですか、ええ。

質問者A　有名な方々であったとしても。

魯迅　いや、まあ、アメリカも反省するべきだと思うんですよ。第二次大戦で、日本に対して極端《きょくたん》な偏見《へんけん》があったことに対する反省はすべきだと思うし。

それから、まあ、キッシンジャー以下、中国との国交を進めて、日本も巻き込《こ》んでやって、さらに、天安門《てんあんもん》事件があったにもかかわらず、鄧小平《とうしょうへい》路線をよしとして、「経済発展のほうを進めれば、民主化が進む」と考えて、経済援助で中国を大きくして、日本を牽制《けんせい》させようとして、中国のほうに入れ込んで、日本に対して円高誘《ゆう》導《どう》して不利に扱《あつか》って、中国をライバルにしてぶつけようとして。

要するに、アメリカのチャレンジャーにならないように、アメリカが日本を潰《つぶ》したんだと思うんですよ、実は。

質問者Ａ　クリントン元大統領は、天国へ還れるか分からないのではないでしょうか。

魯迅　いや、それは分からないですよ。分からない。

質問者Ａ　罪がちょっと大きいですよね。

今、トランプ大統領と日本に望むこと

魯迅　トランプさんが、（大統領選まで）もう九十日ぐらいしかないんだと思うか

ら、これが、次に生き残れる可能性がどこまであるのかは、ちょっと分からない。今、バイデンさんのほうが評価が高くて、マスコミがすごく強いですからね。だから、うーん……。

質問者Ａ　魯迅さんから見て、バイデンさんが、もし大統領になったとしたら……。

魯迅　ああ、それは、中国は「勝ち」でしょうね。もっと、もっと今の体制を推《お》し進められる可能性がありますね。

まあ、私は、トランプさんが北京《ペキン》にミサイルぐらい撃《う》ち込んでくれることを望んでいますけどねえ、ええ。そのくらいしないと、やっぱり、「国際社会から、自分たちが『悪だ』と判定されている」っていうことが分からないんですよ。

質問者Ａ　分からないですね。

魯迅　だから、ニュースにはしませんから。ニュースにしなくても、それは、「北京に撃ち込まれた」というんだったら、国民はいちおう知りますから。「何かがまずいんじゃないか」っていう考えが出てくるはずですよ。

だから、香港《ホンコン》が完全に潰される前に、何かアクションは起こしてほしいし、日本にも自衛の手段を、もうちょっと、ちゃんと持ってもらいたい。そんな、向こうから撃ってくるミサイルを迎撃《げいげき》するだけでは駄目《だめ》だと思いますので。「善悪の価値基準」を、もっとしっかり立てないと……。

質問者A　日本にも、ないんですよね。

魯迅　中国から利益だけ得ようとしてるけど。

質問者Ａ　そう。善悪の価値観とか正義感とかが薄《うす》いんですよね。

魯迅　人口が多いのが、マーケット（市場《しじょう》）に見えてしょうがないんでしょうけど。でも、それは、悪に吸い込まれるなら大変ですよ。

質問者Ａ　でも、それが分からないのは、認識力が低いということだと思うんです。

魯迅　そうです。

質問者Ａ　要するに、そのレベルのことしか生存圏《けん》として考えられていなくて、それよりもっと大きな枠組《わくぐ》みでいったときの場合のところを、日本人は全然考えられていませんから。

魯迅　そうそう。

質問者Ａ　日本自体も、まだ認識力が低いということだとは思うんですね。

魯迅　まあ、アメリカのメディアも、トランプ批判はそうとう強いですけど、日本も、最初はそれに完全に便乗《びんじょう》してましたけれども。幸福の科学のトランプ応援運動がだいぶ功《こう》を奏《そう》して、日本のメディアはトランプさんに対して、それほど反対にはなっていなくて、今は比較《ひかく》的緩《ゆる》い批判になってはいると思うんですけどね。

まあ、戦争が近づいてきたりすると、朝日新聞とかは、また反対には回るとは思いますけどね。私は、やっぱり両方は無理だと思うんですよ。「香港の人権を護《まも》れ。しかし、北京・中国に対する軍事的圧力はよくない」みたいな感じの言論はねえ、その〝二股《ふたまた》言論〟は駄目だと思いますよ。

だから、善悪が判定できていないですよね。実は、香港の人が人権侵害《しんがい》されているなら、中国本土のなかにある人権侵害は、要するに報道されていないだけで、知られていないだけなんですよ。

国民を全部監視《かんし》・盗聴《とうちょう》する専制国家に屈服《くっぷく》してはいけない

質問者A　だって、「くまのプーさん」●が、まだネットで検索《けんさく》できない国なんですよ。

魯迅　だから、習近平《しゅうきんぺい》の頭がね、あのね、そんな欧米《おうべい》の知識人と一緒《いっしょ》とは思っちゃいけないんですよ。まったく後《おく》れた状況《じょうきょう》にあるんですよ、頭が。本当に。「毛沢東の後継者《こうけいしゃ》」ぐらいのつもりでいますから、今。彼の認識力が、限界が……。

質問者A　毛沢東は〝普通《ふつう》のおじさん〟ですからね。

●「くまのプーさん」が……　「くまのプーさん」は、中国の習近平国家主席と体型が似ていることから、中国のインターネット上で、本人を暗示する記号として使用されることがあり、それを問題視した中国当局が検閲の対象としたと見られる。

魯迅　そうなんですよ。いや、農業ぐらいしか分からないのは一緒なんですよ、頭は。

質問者Ａ　そういう人が権力を握ってしまったから問題なんですよね、認識力が低いのに。

魯迅　そうそう。それは官僚《かんりょう》制の最後の問題点なんですよ。その、本当は分かりもしない、経済が分からない官僚が、トップに立って全権を握るとどうなるかっていうこと。

それから、今こそ「自由の経済」「自由の政治」「自由の文学」、これをやっぱり押し広げなければいけないけど、どんな運動を起こしても、今なら潰せますから。各人のねえ、生活を全部コントロールしてチェックしている。恐《おそ》ろしいですよ。

だから、中国製のですねえ、そういうスマホみたいなのをもう使わないようにっていう運動を、アメリカもヨーロッパもやっていますから、まあ、日本にもだんだん、それはやがて来ると思いますけど。だいたい、みんな、もう倣《なら》ってはいかないとしょうがないと思うけど。

これはねえ、「監視《かんし》機能」であり、そして、「盗聴《とうちょう》機能」なんですよ。そんなもの入れちゃあ、絶対、駄目なんですよ。だから、各人のね、行動様式からねえ、お金の使い方からね、貯《た》め方からね、全部分かるっていうのをね。どこを今、歩いているかまで分かるなんていうのは、こんなのねえ、「公安が行けば、すぐに捕《つか》まえられる」っていうことですからね。

質問者A　でも、日本人だと、「そのアプリを使う使わないとかいうことを、国として考えること自体が、個人の自由を奪《うば》うのではないか」みたいな議論になったりしますものね。「TikTok《ティックトック》」とか、よくは知らないアプリですが、たぶん、動画が撮《と》れるんですけれども。

質問者B　中国製のアプリですね。

質問者A　そうそう。

魯迅　まあ、とにかくねえ、「言論」で、やっぱり「反中国専制政治」のほうをもっともっと大きくしてくれないと。

いや、心はちょっと痛むとは思うんですよ。十四億人もいる国で、隣《となり》の国で、経済的に大きいし、日本も不況になっていくから、経済的に生き延びるためには、やっぱり、かつて中国大陸に進出したように、「工場としての、あるいは消費地としての中国を確保して、大きくしたほうが生き残れるんじゃないか」と思うのは、まあ、当たり前だと思うんだけど。

しかし、一方では、やっぱり「武士は食わねど高楊枝《たかようじ》」、「悪に対して屈服《くっぷく》してまで金儲《かねもう》けはしない」っていう、その考えを持っていないと、世界の半分がまた暗黒時代に入りますよ。

「幸福の科学は、バイデン反対運動を展開しなければいけない」

魯迅　バイデンは駄目です。絶対に駄目です。だから、幸福の科学はバイデン反対運動をやっぱり展開しなければいけないと思います。

七十七歳《さい》で左寄り？　だから、ハリウッドとか左翼《さよく》マスコミには、どうせ評判はいいんだろうけど、やることは親中国的なことを必ずやりますから。

質問者Ａ　バイデン氏自体が、もう中国からけっこう……。

魯迅　そう、もらっているしね。

質問者A　「お金をもらって、今までいろいろやっている」と言われていますものね。

魯迅　トランプさんがちょっと、妙《みょう》に商人的な根性《こんじょう》を出して、両方バランスを取ったりしようとする気《け》があるからね。まあ、ちょっとここは、やっぱり割り切らないといけないいんじゃないかと思うんですけどね。

質問者A　そうですね。

魯迅　まあ……、二大政党でもけっこう厳しいものはあるね。特に、「日本の幸福実現党を十一年間封《ふう》じ込めた力」っていうのがねえ、結局、世界の革命を遅《おく》らせてはいますよね。要するに、断念させようとしてるんでしょ？　これもね。

だから、テレビ等で、もっとちゃんと取り扱ったり話題にしたら、変えていくことができたのに。日本も、やっぱり無神論・唯物論《ゆいぶつろん》の国に引きずられていますからね。

まあ、宗教性悪説《せいあくせつ》。オウム事件もあったのも、しかたがないのかもしれないけれども、やっぱり、その「違《ちが》いが分からない」っていうのは悲しいことだと思います。

中国の思想統制に対して「自由・民主・信仰《しんこう》」を訴《うった》えるべき

質問者A　でも、そういう人間のほうが多いということ自体が、人間が選び取ってきた現在ですからね。

魯迅　うーん、残念だけどねえ。まあ、大川先生のこれ……。（中国国内では）NHKのニュースでも、ブラックアウトできるぐらいだからねえ。はあ……（ため息）。

質問者Ａ　ＮＨＫは、それに怒《おこ》るべきですよね。自分たちの仕事に誇《ほこ》りを持っているのなら。

魯迅　それが言えないんですよ。「私たちの放送は消えました」としか、それしか言わないですからね。

質問者Ａ　「そこについて怒りなさいよ」という感じはしますけれども。自分たちの報道姿勢にプライドがあるのなら。

魯迅　思想統制に対して、やっぱり意見を言わなければ。

だから、あなたがたが言っているように、もう「自由・民主・信仰《しんこう》」でいいと思うんですよ。「自由・民主・信仰」、この三つを護ってくれて、あと、多元的な価値観や寛容性《かんよう》を入れてくれれば言うことないし。

なぜ、魯迅が今回の夢に現れたのか

質問者A　魯迅さんは、祈《いの》るとしたら、どなたに祈るんですか。信仰は……。

魯迅　いやあ……、うーん……。いやあ、中国では祈る対象がないので（苦笑）。

質問者B　天帝《てんてい》に祈ることは……？

魯迅　祈る対象はないんですよ。まあ、「天帝」っていうような言葉はあっても。

質問者A　「エル・カンターレ」はご存じですか？

魯迅　まあ、ここに来た以上、それは知ってはいる。

質問者A　どういうご縁《えん》で（総裁先生の）夢とつながったんですか？

魯迅　うーん……。まあ、次、「香港危機」の次は「台湾《たいわん》危機」だからね。まあ、●李登輝《りとうき》さんの（霊言《れいげん》）もあるとは思うが、李登輝さんは、今忙《いそが》しいから、ちょっとあれなんですけど。

いや、下手《へた》したら「香港・台湾危機」が来るかもしれないけど、これ、「日本の危機」はもう同時に来る。だから、中国は、尖閣《せんかく》から沖縄《おきなわ》を取るつもりは、もう、はっきりあるので。「それに対して防衛思想が出ない」っていうのは、もう国としては危ないですよ。

質問者A　いや、もう〝終わっている〟んですけれども……。それを十年言っても

●李登輝さんの……　本霊言収録の翌日（2020年8月2日）、李登輝元総統の霊言が収録された。『台湾・李登輝元総統　帰天第一声』（幸福の科学出版刊）参照。

変わらないので、本当に〝終わっている〟国なのではないかと思います。分からないらしいです。

魯迅　神様を信仰していないからね。そして、宗教を悪いことと思っているからね。やっぱり、これがいかんので。

うーん、まあ……、いやあ、幸福の科学、悔《くや》しいなあ。もっともっと力を持ってほしいなあ。一作家よりは、力はあると思うんですけどね、かなりね。

質問者A　心配されているから、総裁先生への道が開いたんですか？

魯迅　うん、先生が何……。いやあ、日本政府は「何十兆、何百兆円」という無駄金をいっぱい使いながら「死に金《がね》」になっているのをねえ……。幸福の科学にもうちょっと力があればねえ、いろいろなことができるだろうに。

質問者Ａ　もうマスク八千万枚とか要《い》らないですよね。みんなマスクはつけていますし。

魯迅　ハハハッ（笑）。まあ、あと、でも、同時に、欧米的価値観を是《ぜ》としながらもですね、やっぱり、「白人優位主義」も崩《くず》さないといかんからね。黒人差別もあったけれども、やっぱり、「黄色人種差別《おうしょくじんしゅ》」もあるから、アメリカ、ヨーロッパは、今のままで〝日本の神〟にひざまずく気がないところもあろうからね。

まあ、これと両方あるから難しいんですけどね、とてもね。

日本の文科省の「唯物論《ゆいぶつろん》・科学万能《ばんのう》主義型教育」の問題点

質問者Ａ　今、総裁先生がいるから、日本も思想的に認識力が高まってきているところがあると思うんです。先生がいなかったら、やっぱり欧米の人のほうが中国の悪にも先に気づくし、日本はまだこんな感じですし……。確かに、もうちょっと日本国民自体の民度が上がらないと、難しいところはあるのでしょうか。

魯迅　まあ……、「経済で逆転された」ってことで、もう萎縮《いしゅく》しちゃっていますからねえ、完全にね。ああ……（ため息）。

質問者A　もともと、稲荷《いなり》信仰などでも、ずっと何千年も現世利益《げんせりやく》的な信仰観で、それが日本のなかでの宗教の主流にもなるぐらいの……。

魯迅　ああ。そっちも、内部改革もあるんですよね。
いや、だから、唯物論《ゆいぶつろん》・無神論で科学万能《ばんのう》主義を表で唱えていても、「近所の稲荷信仰ぐらいだったら別に構わない」ぐらいの感じがあるわけですよねえ。「そういう、政治的な力を持たない、現世利益みたいなものなら別に構わない」っていうか……。

質問者A　でも、今の政治家も、結局、現世利益で中国の経済を取ろうとしているだけで、その信仰の延長線上にいると言えばいるので、そこの宗教心自体の限界も来ているのではないかとは思うのですが、「そこから脱《だっ》することができるのか」という問題ですよね。

魯迅　それは教育から入らなくてはいけないしね。

質問者A　そうですね。

魯迅　日本の教育改革から入らなくてはいけないし。文科省の「唯物論・科学万能主義型教育」ですよね。これがやっぱり悪いですよね。文部科学省が合体したあたりから、もっと悪くなっているよね。科学は、そう万能じゃないので。

それだけでいいなら、もう北朝鮮《きたちょうせん》だって中国だって、科学主義だけだったら乗ってきますからね。

だから、まあ、なんで私が来たかって。いや、ほかにも言いたい人はいっぱいいいるんだけど、日本への架《か》け橋になれる人があんまりいないんでね。中国語で、「こんな人がいる」とか言われても分からないでしょ？　言論人とかねえ。

だから、私もちょっと動いてはいるんですけど。

6　魯迅からのメッセージ

中国の言論・思想界も「何か起こさないと危ない」と思っている

質問者A　中国霊界《れいかい》にも、そうやって総裁先生のお考えに共鳴《きょうめい》して、「どうにか中国を変えてくれないか」と願っている方々がいらっしゃるということですよね。

魯迅　そうそう。「洞庭湖娘娘《どうていこニャンニャン》だけじゃないよ」と。

質問者A　（笑）

魯迅　洪水《こうずい》を起こしたり、●バッタを飛ばすシヴァ神とか、そんなのだけではありま

●バッタを飛ばすシヴァ神……　『シヴァ神の眼から観た地球の未来計画』（幸福の科学出版刊）参照。

せんよ、ということですね。言論・思想界も、「今、何か起こさないと危ないんじゃないか」というあれは持っているということですよね。

日本は過剰《かじょう》な反省をして、自粛《じしゅく》しすぎているんだったら、もうちょっと考え方を変えないといけないなと思うし、「今、アメリカのトランプ大統領の路線のほうをなるべく護《まも》らないと、世界の平和は護れませんよ」という感じですかね。

質問者A　分かりました。

魯迅　いやあ、間に合わないかなあ……。

しかし、まあ、習近平《しゅうきんぺい》にだって限界はあるだろうけれども、次に同じような人が出てくれば一緒《いっしょ》ですからねえ。だいたいイエスマンで固まっているので。

中国や日本の現状を悔《くや》しがる魯迅

魯迅　一時間ぐらい、しゃべっちゃいました?

質問者A　そうですね。

質問者B　はい。一時間十六分。

魯迅　ああ……、はあ（ため息）。

質問者A　とても憂《うれ》いていらっしゃる。

魯迅　悔《くや》しいです。

質問者A　心配している。

魯迅　悔しいですよ。

だから、アメリカの企業家《きぎょうか》たちも、インターネットとかねえ、ああいうものをいっぱい入れてくれてねえ、中国の民度を上げようとしてくれたけど、これが悪用されてね、「国民監視《かんし》システム」になっているっていう。これは、ちょっと衝撃《しょうげき》でしょうね。〝国ごとＦＢＩ〟っていう感じですからねえ。〝ＦＢＩ〟〝ＣＩＡ〟っていう感じになっているので。

日本はそちらの情報スパイとかの管理に対して、すごく緩《ゆる》い、甘《あま》いところがありますよね。だから、日本の水源地を中国に買われてもねえ、自衛隊基地を攻撃《こうげき》できる所の土地を買われても平気ですからね、本当にね。

質問者Ａ　いい人と言えば、いい人？

魯迅　いや、「考えのない人」っていうかね……。

質問者Ａ　考えのない人。

魯迅　「イワンのばか」みたいな人ですよ。

「善悪の判断」と「神仏への信仰《しんこう》」を持ってほしい

質問者Ｂ　最後に、日本と中国の方々に、それぞれメッセージを頂けますか。

魯迅　日本に対しては、今、ほかにも、ちょっとはいるのかもしれませんが、幸福の科学の味方をする言論人が出てきてほしいし。

報道機関も、スポーツ紙や夕刊紙の一部は応援《おうえん》してくれていると思うけど、もうちょっとメジャーな新聞やテレビ局も、「幸福の科学の報道をすることが、中国とか北朝鮮《きたちょうせん》とか、そうした帝国《ていこく》主義的な侵略《しんりゃく》を狙《ねら》っているところへの牽制《けんせい》になるのだ」ということをよく知ってほしい。

さらには、政治にも、もうちょっと影響力《えいきょうりょく》を持ってほしいなと思いますね。

それから、中国の人に対しては、「今はもう、お金やモノはもういいから、日本からこの思想、思想として、このハッピー・サイエンスから出ている思想を輸入しなさい」と。

欧米《おうべい》のキリスト教思想などや、それに付随《ふずい》するようなデモクラシーを入れたくない気持ちはあるとは思うけれども、日本から出ているものには、多少、東洋的なものも入っているから、「これをもっともっと入れて、広げなくては駄目《だめ》ですよ」ということだよねえ。

やっぱり「香港《ホンコン》革命」あたりで、内部でやっぱり呼応しなければいけない。たくさんの人が死ぬかもしれないけれども、でも、やらなければいけない。

まったくそれが分からないで、中国が静かに統一されているように見せているから、そうでないところを見せないといけない。

年間十万以上もの暴動が起きても、まったく報道されない。アメリカは、警官が一人の黒人の首を絞《し》めて殺しただけでも、全土で暴動が起きるぐらいの国ですけれども、そういうことが起きるほうが健全なのであって、暴動が十万件も起きても何にも報道しなかった国、世界に知られていない国っていうのは危ない。

「ウィルス研究所からウィルス兵器が世界に〝発射〟されたとしても、それを国民も知らなければ、外国の人たちも解明できないような国は、よくないのだ」ということ。

「善悪の判断を、もうちょっとつけよう」という気持ちを持つこと。

何よりも大事なことは、中国の人には、「今、神仏への信仰《しんこう》というものが要《い》るのだ」ということを知ってほしい。「これを知らずして、この世に生《せい》を持っても虚《むな》しいのだ」ということを知ってほしい。

「神」という言葉がもし通じないなら、「仏陀《ぶっだ》」という言葉でいいから、仏陀を信じなさいよ。人間の可能性を信じなさいよ。「死んでもあの世がある」ということを信じなさいよ。

これを伝えたいなあ。魯迅の名前だけででも中国に伝わらないかなあ。そういう意味で、今日はちょっと来たんですけど。

質問者B　ありがとうございます。

質問者A　日本でも、まだ「キングダム」とか……。

魯迅　まだ中国を尊敬するようなね……。

質問者Ａ　「統一し、安定させることのほうが正しいのだ」というようなものが、マンガでも映画でもヒットするぐらいですからね。

魯迅　「大きいことはいいことだ」と思っているんでしょう。

質問者Ａ　その思想からいくと、「反乱とかがないほうがよくて、反乱分子のほうが悪なんでしょうから」というところはありますね。

魯迅　だから、光の天使といわれる人たちが次々と成敗《せいばい》されている国であるので、いや、何とかして応援しなければいけないと思います。しかたがないんです。大きな力は急には出ないかもしれないけれども、やり続けることで広がっていくことは、やっぱりあると思うので。

秦《しん》の始皇帝《しこうてい》は、中国霊界《れいかい》の地獄《じごく》の支配者の一人

質問者A　すみません。ちなみに、魯迅さんにお訊《き》きしていいかどうか分からないんですけど、秦《しん》の始皇帝《しこうてい》は天国に還《かえ》っていらっしゃるんでしょうか。

魯迅　始皇帝そのものは、やっぱり「中国霊界《れいかい》の地獄《じごく》の支配者の一人」なんじゃないでしょうかねえ。

質問者A　いちおう地獄にはいらっしゃる?

魯迅　うん、始皇帝自体は出ていないと思いますね、私はね。「独裁思想の根源」にいると思いますよ。

質問者Ａ　分かりました。

魯迅　たぶん、今のウイグルなんかをいじめている「裏」にいると思いますよ。

質問者Ａ　うーん、なるほど。

魯迅　「万里《ばんり》の長城《ちょうじょう》を築かなくてはいけなかったのは、あいつらのせいだ」と思っているから、二千年越《ご》しの〝恨《うら》み返し〟をやっていると思います。

質問者Ａ　分かりました。

魯迅　中国に「自由」をお願いしたいと思います。

質問者A　それが、魯迅さんの願いですか?

魯迅　はい、はい。

質問者A　はい。ありがとうございました。

質問者B　ありがとうございます。

大川隆法　(手を二回叩《たた》く)

第二部　秦《しん》の始皇帝《しこうてい》 vs. 洞庭湖娘娘《どうていこニャンニャン》

第1章　秦《しん》の始《し》皇帝《こうてい》の霊言《れいげん》

二〇二〇年八月一日　収録

幸福の科学　特別説法堂《せっぽうどう》にて

始皇帝《しこうてい》（紀元前二五九〜同二一〇）

中国、秦《しん》の初代皇帝。第三十一代秦王。名は政《せい》。紀元前二二一年、戦国の六国を滅《ほろ》ぼし、天下を統一。法家《ほうか》思想に基《もと》づく中央集権体制を確立するため、郡県制の施行《しこう》、度量衡《どりょうこう》・文字・貨幣《かへい》の統一、焚書坑儒《ふんしょこうじゅ》による思想統一、阿房宮《あぼうきゅう》・陵《りょう》墓《ぼ》の造営などを進める。また、匈奴《きょうど》を攻撃《こうげき》して万里《ばんり》の長城《ちょうじょう》を修築し、南方に領土を拡大、中国東北部よりベトナム北部に及《およ》ぶ大帝国を形成した。

［質問者二名は、それぞれＡ・Ｂと表記］

〈霊言《れいげん》収録の背景〉

「魯迅《ろじん》の霊言」（第一部）の収録後、大川隆法総裁が二〇二〇年七月三十一日の朝に見た夢（『シヴァ神の眼から観《み》た地球の未来計画』〔幸福の科学出版刊〕「あとがき」参照）の意味を調べるために、関係する霊人《れいじん》を招霊《しょうれい》した。

1　夢に現れた巨大龍《きょだいりゅう》の正体を霊査《れいさ》する

（編集注。背景に幸福の科学の根本経典《こんぽんきょうてん》である『仏説《ぶっせつ》・正心法語《しょうしんほうご》』のＣＤがかかっている）

大川隆法　今日は二〇二〇年八月一日です。昨日《さくじつ》、七月三十一日の朝に、ちょうど『聖書《せいしょ》』の「黙示録《もくしろく》」のような感じの夢を見ましたので、その夢解きも兼《か》ねて、今日、「誰《だれ》が、どういう目的で見せたのか」を、分かれば調べてみたいと思っています。

　昨日《きのう》の明け方に見た夢では、巨大《きょだい》な龍《りゅう》が日本の近海で暴《あば》れていました。いちばん大きいものは、十七個の頭と尻尾《しっぽ》がくっついている巨大龍で、羽もそれぞれあるようなものでした。

さらに、その周りには、頭が五つとか三つとか、いや、もう少しあるものもいたと思うのですが、何匹《びき》もの龍が近海で暴れていて、日本をすごく威嚇《いかく》して、侵略《しんりゃく》しそうな感じでした。

国際社会からは、米軍の艦隊《かんたい》と、なぜか、ヨーロッパ代表でドイツの艦隊が駆《か》けつけてくれました。そして、「その巨龍たちを砲撃《ほうげき》して、破壊《はかい》してもいい」という態度を見せてくれたのです。

ただ、彼らからは、「でも、最初の一撃というか、最初の砲撃、あるいはミサイル攻撃《こうげき》は、日本の自衛隊がやってください」ということを先に言われました。「われらが先にやるわけにはいかないのですが、『自衛隊を援助《えんじょ》する』ということでやるのはいいと思いますので、最初の一撃は自衛隊でやってください」というふうに言われたのです。

そうしたら、日本の自衛隊をめぐっての論議が起きて、自衛隊のほうからは、

「砲弾《ほうだん》もミサイルも、『こちらから先に発射していい』という法律上の根拠《こんきょ》が見当たらない」というような答えが返ってきました。

「憲法上も自衛隊法上も、こういう『艦船ではない巨大な龍のようなものと戦っていい』という法的な根拠がないため、攻撃していいものかどうかが分からない」というような感じで、逡巡《しゅんじゅん》しておりました。

私のほうは、ちょっとよくは分からないのですが、霊体《れいたい》になっていたのだと思います。巨大な霊体として空中から、「自衛隊がやらないなら、私がいちばん先に」ということで、霊的なパワーを使って、いちばん大きい、十七個の頭を持っている巨龍を海から空中に引きずり上げて、空中で二つに引き裂《さ》きました。

金縛《かなしば》りにして空中に引き上げ、十三個の頭と四個の頭の龍に引き裂いて、日本の領土にいったん引っ張り上げたのです。

しかし、そのあと、結局、自衛隊は、「武器は使えないので」ということで、『旧《きゅう》約《やく》聖書』のダビデが巨人ゴリアテを倒《たお》したときのように、「二つの石をロープで結びつけて、グルグル振《ふ》り回して龍の首にぶつければ、首を縛り上げることができるから、その準備に入る」ということを言ってきたのですが、「それに四時間はかかる」と言ってきました。

ちょっと私もあきれたのですけれども、そうしている間に、巨龍も他の龍も海に逃《のが》れて、さんざんに暴れながら去っていったのです。

そういう夢を見ました。

あまりにもリアルで、黙示録風であったので、「シヴァ神から来たものかな」とも思いました。『シヴァ神の眼から観《み》た地球の未来計画』という本を出すときに見た夢ではあるので、そうかと思ったのです。

ただ、龍のほうは明らかに中国的なもののような感じもしたので、「中国か北朝鮮《きたちょうせん》関連かな」とも思いました。

何か、直接伝えにきたものがあったのかどうか、これを知りたいと思います。

『シヴァ神の眼から観た地球の未来計画』（幸福の科学出版刊）

よろしいでしょうか。

質問者B　はい。

大川隆法　それでは、昨日《さくじつ》の明け方、私の夢のなかに出て、巨大龍となって暴れ、日本を脅《おびや》かしていたものの正体、あるいは、その夢を私に見せていたものの本当の意図はどんなところにあるのか、探《さぐ》りたいと思います。

巨大龍の姿で私に何かのメッセージを送ろうとしたものよ。

その正体を現したまえ。

誰が私にそれを見せようとしたのか。

誰が日本を威嚇しようとしていたのか。

（約二十秒間の沈黙《ちんもく》）

2 「十七の頭を持つ龍《りゅう》」が意味するもの

「中国に〝緊急《きんきゅう》事態宣言〟が出ている」と語る始皇帝《しこうてい》

始皇帝 （かすかな笑い声）ハッハッハッハッハッハッハッハッ。ハッハッハッ。（声がはっきりしてくる）ハッハア。ハッハッハ。ハッハ、ハッハ。ハッ、ハッ。

質問者A 顔も笑っておられますけれども。

始皇帝 ハッハッハッハッハ（笑）。

質問者A あなた様は、どなたでしょうか。

始皇帝　秦《しん》の始皇帝《しこうてい》である。

質問者Ａ　秦の始皇帝様。

始皇帝　フンッ。

質問者Ａ　こんにちは。

始皇帝　うん。

質問者Ａ　日本語はお分かりになりますか。

始皇帝　私はオールマイティーである。

質問者Ａ　以前、霊言《れいげん》をしたときとは、少し違《ちが》う雰囲気《ふんいき》でもあるような……。

始皇帝　そうだ。今はね、〝緊急《きんきゅう》事態宣言〟が出ているから。

質問者Ｂ　どんな緊急事態ですか。

始皇帝　中国に〝緊急事態宣言〟が出ている。

質問者Ａ　へええ。

始皇帝　うん。シグナルが鳴っているんでね。

質問者A　どんなシグナルですか？

始皇帝　危険情報、危険警報が出ている。

質問者A　中国は、「もうコロナウィルスは完全に制圧されていて、ダムも安全で、核《かく》兵器が落ちても崩《くず》れない」というようなかたちで、水害に対しても公表しておられるので、何の緊急事態宣言なんでしょう？

始皇帝　フッ（笑）。ハッハッ、ハハハ（笑）。そんなの、口で言うのは簡単だろうが、何を言っているんだよ。内部の者が「緊急事態だ」と言うているんだ。

コロナや洪水《こうずい》、バッタなど、報道されていない中国の現状

質問者Ａ　どんな緊急事態？

始皇帝　だから、コロナウィルスがなくなっているなら、マスクをかけている人はいないだろうよ、もう。「もう数を把握《はあく》するのはやめた」ということだ。

質問者Ａ　そうですよね。

始皇帝　分からん。「重体の人だけ面倒《めんどう》を見てやる」ということなんだが、死んでも病名は分からん。

質問者Ａ　肺炎《はいえん》とか、何かほかの病気にできますものね。

始皇帝　インフルエンザ、心臓発作《ほっさ》、その他、何でもいいんであって、（報告を）上げなきゃいいんだから。死ぬのは一緒《いっしょ》だからな。だから、いっぱい死んでいるよ。ただ、もう治療《ちりょう》なんかしないで死んでいるのは、いっぱい、あちこちの家で死んでいるから、いいんだよ。

質問者Ａ　お医者さんにもかからずに。

始皇帝　うん。だから、もう数字なんか増やす必要はないから。それだけで、中国の、何て言うかなあ、世界帝国《ていこく》としての信任が集まってくるなあ。世界が今、混乱のなかにあるときに、中国だけが巨大《きょだい》な〝不沈《ふちん》空母〟として浮《う》かんでいる感じが出るなあ、うん。

質問者B　でも、緊急事態なんですよね？

始皇帝　ああ。緊急事態なんだよ。

質問者A　何がですか？

始皇帝　いやあ、だからさあ、洪水《こうずい》で四千五百万人以上が避難《ひなん》して、押《お》し流された家、家屋（数）なんか、そんなもの、中国の報道陣《じん》が把握できるはずもないし、どのくらいの被害《ひがい》かなんかも、本当は分からない。

何兆円と言われているが、それも分からんし、雨がやまんし、いまだに。まだまだ、あっちもこっちも崩れとるしな。そういうのは報道しないから、分からん。あと、水がある所にはバッタは来ないが、水がない所にはバッタが来てなあ。バッタとイナゴが来て、食い荒《あ》らかしているんだ。それ以外のものもいるんでな。バッタ、イナゴ以外の、何かほかの、六本足の昆虫《こんちゅう》がいっぱい出てきているんで、食い荒らしているな。

質問者Ａ　中国国内の映像やニュースは、あまり日本や世界で報道されないのですが……。

始皇帝　出すわけないじゃないか。

質問者Ａ　実際には、もうちょっと、いろいろ起こっているということですか。

始皇帝　水面下では非常事態だ。

中国の指導者たちを集めて〝地下全人代《ぜんじんだい》〟をやっている？

質問者A　ごめんなさい。「秦の始皇帝」としてお話しするのは初めてですか？

始皇帝　ああ、そうかいなあ。

質問者B　霊言の本が出ていませんでしたっけ。

質問者A　出ていましたか。以前、「ケインズさんの過去世《かこぜ》が秦の始皇帝かもしれない」というようなお話もありましたけれども、そんなに接点はないのでしょうか。

始皇帝　今は、中国の指導者たちを一気に集めて、私がね、〝地下全人代《ぜんじんだい》〟をやっとるんだよ。うん。だから、巨大な指導者たち、力のある者を集めて、〝全人代〟

●ケインズさんの過去世……　『未来創造の経済学―公開霊言　ハイエク・ケインズ・シュンペーター―』（幸福の科学出版刊）参照。

をやっている。

質問者Ａ　総裁先生の夢に出てこられた意味は、何かありますか。

始皇帝　だから、「中国」っていうのは「巨龍《きょりゅう》」なんだよ。うん。黒龍《こくりゅう》、赤龍《せきりゅう》、金《こん》龍《りゅう》、白龍《はくりゅう》、青龍《せいりゅう》、いっぱいいるんだ。うん。

「龍《りゅう》の頭の数」は何を意味するのか

質問者Ｂ　総裁先生の夢のなかで、龍《りゅう》の頭が十七個あったのですが、それは〝全人代〟をやっている人たちの数なんですか？

始皇帝　うん？

質問者B　「〝地下の全人代〟の代表者の数」というわけではないんですか？

始皇帝　十七個。

質問者A　「頭が十七個あった龍」は何を意味していますか。

始皇帝　ヤマタノオロチは八個だ。十七個っていうことは、「ヤマタノオロチの二倍プラス一」っていうことだ。

質問者A　（笑）そう言うと思いました。それが始皇帝さんの姿ですか？

始皇帝　はい。

質問者Ａ・Ｂ　ああ。

始皇帝　中心龍が私で、あとの五個とか四個とか三個とか頭を持っているやつは、もうちょっと下《くだ》る指導者だな。

質問者Ａ　『大中華《だいちゅうか》帝国崩壊《ほうかい》への序曲』に出てきているような方々（鄧小平《とうしょうへい》、習近《しゅうきん》平《ぺい》守護霊《しゅごれい》、毛沢東《もうたくとう》）でしょうか。

始皇帝　うん、それはそうだ。みんな龍だ。みんな龍の姿。

質問者Ｂ　毛沢東とか。

始皇帝　色違いの龍で、みんなおるがな。

『大中華帝国崩壊への序曲』（幸福の科学出版刊）

質問者Ａ　十七個も頭があるんですか。

始皇帝　うん。だから、日本の二倍プラス一。

質問者Ａ　（笑）意味は本当にそれですか。

始皇帝　はい。

質問者Ａ　本当に？

始皇帝　なんで、そんなに……。

質問者A　すみません。

始皇帝　メロンパンをやるから、黙《だま》ってろ、こら。

質問者A　（苦笑）私の好きな物をご存じなんですね。「なんで十七なのかな」とは思いますよね。

質問者B　十七のそれぞれに、何か役割とかがあるんですか。

始皇帝　うーん。まあ、それぞれの〝秘密兵器〟を持っとるからな。

質問者A　中国では「八」という数字がいいはずなので、本当は「八の倍」とかがよかったんじゃないですか？

始皇帝　うん。「一」は台湾《たいわん》なんだ。

質問者B　（台湾）のつもり？

始皇帝　うん。

質問者A　香港《ホンコン》でなくていいんですか？

始皇帝　うん。香港はもうなかに入っとるから、いいんだ。

質問者A　「台湾」ということですか。

始皇帝　うん。

質問者Ａ　なるほど。

始皇帝が感じている「日本からの攻撃《こうげき》」とは

質問者Ｂ　ちなみに、毛沢東の頭は幾《いく》つなんですか、龍として。

始皇帝　毛沢東の頭で、そうだなあ、禿《は》げ頭なあ、あいつの頭で五個ぐらいかな。うん。

質問者Ｂ　半分以下ですね、秦の始皇帝の。

始皇帝　それはなあ、「能力の差」を示しているから、しかたがないんだ。

質問者B　鄧小平《とうしょうへい》は？

始皇帝　鄧小平は金儲《かねもう》けに専念したけれども、半端《はんぱ》なあれをしたから、ちょっと、非常にコントロールのしにくいタイプの動き方しかできない感じなんで、まあ、〝キングギドラ型〟だな。頭三つ、尻尾《しっぽ》三つぐらいいかな。右に行ったらいいか、左に行ったらいいか、分からない感じだなあ。

ほかにも歴代の皇帝とかいっぱいいるでな。協力できそうなやつは集めて、今、力を合わせて「日本からの攻撃《こうげき》」に備えようとしておるところなんじゃ。

質問者A　「日本からの攻撃」？

始皇帝　うん。おまえたちは、もう「霊的な攻撃」を開始しとるだろうが。

質問者B　「日本からの攻撃」というのは軍事的な攻撃ですか。

始皇帝　その前に「精神的攻撃」がもう始まっておるから、とっくに。

質問者B　思想面での……。

始皇帝　精神的にも、政治的にも、経済的にも。アメリカも攻撃しとるしな。アメリカとも戦わねばいけないけど、われらは、今、もう、「こういうコロナ禍《か》のなかで、世界が身動きができないときに、取れるものを取る」という方針で動いてはおるんでなあ。

コロナウィルスは、アメリカとイギリスへの〝先制攻撃《こうげき》〟？

質問者A　コロナウィルスは、どう見ていらっしゃいますか。

始皇帝　うん？　何が？　コロナウィルスは、「犯人だ」とバレなければ、別にいいんじゃないか。

質問者A　では、「犯人だ」ということですか。

始皇帝　いや、他国が証拠《しょうこ》をつかめなければ、それまでじゃないか。〝やり得《どく》〟じゃないか。

質問者A　でも、武漢《ぶかん》で発生しているんです。

始皇帝　それは、ちょっと分からん手違いがあって、何か出てしまったのさ。

質問者Ａ　「犯人だと分からなければ〝やり得〟」ということは……。

始皇帝　だって、主たる攻撃《こうげき》目標はアメリカだし、ヨーロッパだからねえ。

質問者Ａ　やっぱり、「（コロナウィルスの）攻撃目標はアメリカであり、ヨーロッパであった」と。

始皇帝　実績はあれだよ。アメリカは、これでＧＤＰが年率三十三パーセント下がり、ヨーロッパはもう四十パーセントぐらい下がると言っているからな。ＥＵなあ。これは「してやったり」だな。うん。うん。

質問者Ａ　では、やっぱり中国が……。

始皇帝　イギリスはな、香港に対してさ、イギリス国籍《こくせき》を与《あた》えるだの何だの生意気《なまいき》なことを言うておるけれども、イギリスを、それこそ、〝食いちぎって〟バラバラにしてやるから。もう、ほんと、イングランドとスコットランドとアイルランド、二つにみんなぶち切って、バラバラの島にしちゃうから。

質問者Ａ　でも、イングランドにもドラゴンはいますよ。

始皇帝　あっちにもドラゴンはいるけどね。だけど、弱いから。

質問者Ｂ　ヨーロッパのなかでも、コロナの死者数が多いのがイギリスですけれども……。

始皇帝　そうだなあ。

質問者B　それも、やっぱり、狙《ねら》ってのことなんですか。

始皇帝　とにかく、「アングロサクソンが中心的な敵だ」と思ってはいるからな。イギリスは、香港に絶対介入《かいにゅう》に入る。そしたら、アメリカは絶対共に動くから、この二つを潰《つぶ》す、先制攻撃でやったのよ。

3　中国の世界支配への戦略を明かす

「台湾《たいわん》と沖縄《おきなわ》を同時に攻撃《こうげき》し、香港《ホンコン》も攻撃する」

質問者A　夢の話にいったん戻《もど》ると、あなた様と、その部下というか、中国の龍神《りゅうじん》が何体か来ましたよね。

始皇帝　うん。

質問者A　その意図は、やっぱり日本を攻撃《こうげき》するため？

始皇帝　いや、今は尖閣《せんかく》で〝ジャブ〟を打っておるけどな。「尖閣領域を侵犯《しんぱん》する」

っていうのを毎日やっておるけれども。それは、そんなんじゃなくて、台湾《たいわん》と沖縄《おきなわ》を同時にやるからね。同時占領《せんりょう》にかかるつもりでいるから、覚悟《かくご》しといたほうがいいよ。

質問者Ｂ　「台湾の次に沖縄」ではなくて……。

始皇帝　一緒《いっしょ》だよ。

質問者Ｂ　同時にやる。

始皇帝　「同時攻撃」をするから。そんな考える暇《ひま》は与《あた》えない。台湾だけをやれば、沖縄にいる米軍が出動してくるから。

質問者A　ああ。

始皇帝　台湾と沖縄は同時に攻撃する。香港《ホンコン》も攻撃する。

質問者A　「そうしたら、アメリカ軍も手が回らない」と。

始皇帝　うん。今、いろんなところを攻撃する準備に入っているんで。毎日、練習しているから、いつやられるか分からない状況《じょうきょう》だわな。トランプの選挙が近づけば近づくほど、やりやすくなる。

夢に出てきた龍《りゅう》は「中国艦隊《かんたい》の姿でもある」

質問者A　霊的《れいてき》には、もう、そういうお姿で日本海近海とかを徘徊《はいかい》しているということですか？

始皇帝　いや、「私たちの霊的な姿」でもあるけれども、「中国艦隊《かんたい》の姿」でもあるわけだなあ。

質問者Ａ　なるほど。

始皇帝　中国原子力潜水艦《せんすいかん》艦隊が浮上《ふじょう》したら、そんな感じになるだろうし、中国の空母艦隊とか、その他、巡洋艦《じゅんようかん》とか、いっぱいあるでなあ。

質問者Ａ　でも、「夢で先生がその姿を見ていた」というのはご存じでしたか。

始皇帝　うーん……。いや、まあ、うーん……。いや、今、それは中国で考えていることだから、「どうやって攻《せ》めるか」っていうのは。「第一列島線」「第二列島線」

まで攻め取るつもりでいるから。アメリカが過剰反応《かじょう》をしてきているから。「第一列島線」っていうのは、沖縄を含《ふく》めて〝下〟までだなあ。まず、フィリピンやベトナムあたりまで、近海までは中国の領海にして。まあ、今、海上基地も築いておるからな。「このへんを全部、制海権と制空権の両方を取る」というのが第一段階で、第二段階は、「ハワイまで取る」というところだね。それが第二段階で、そのときにはオーストラリアまで入っている。

質問者A　とても大きな欲望ですね。

始皇帝　うん。ここまでは考えていて、もうちょっと先まで考えていたが、「早まるかもしれない」ということで、その準備に入っておるんだよ。敵も、「経済制裁」とか、このような大国に向かって生意気《なまいき》なことを言うておるでな。

「台湾《たいわん》の背後から、潜水艦《せんすいかん》によるミサイル攻撃《こうげき》をかけるつもり」

質問者Ａ　（総裁先生の夢のなかで）ヨーロッパのなかではドイツとか、アメリカはもちろん来てくださっていたのですが、ドイツも、いちおう中国のその計画に気づいている国ということですか？

始皇帝　まあ、ヨーロッパの中心ということだろうが、ドイツはまだ親日だからな。だけど、中国とは最近、非常に接近はしておったんだが、ドイツを押《お》さえてＥＵを支配するところまでは、いちおう計画には入っているんだ。これは、「一帯一路《いったいいちろ》」ではな。

だけど、ヨーロッパまで支配するには、もう少し時間がかかるとは思ってはおったけどね。

とりあえず、今、「アジアのほうを先に取る」という戦略で。今、海上覇権《はけん》、「制海権」と「制空権」と、両方を取る作戦で、中国南部には、もう制空権が取れるだけの航空機は準備が終わっているので。

あと、台湾《たいわん》がミサイルをいっぱい用意しているので、これを一気に叩《たた》き潰《つぶ》さなければいけないので。

まあ、彼らが考えている反対側？　要するに、中国南部側からミサイル攻撃《こうげき》は来ないで、台湾の背後から潜水艦《せんすいかん》によるミサイル攻撃をかけるつもりではいる。

「琉球《りゅうきゅう》は中国のものだと、一方的に宣言するつもり」

質問者A　夢のなかで日本がした対応は、まさに映画「シン・ゴジラ」そのもので、日本を侵略しようとして暴《あば》れている巨大《きょだい》な龍《りゅう》たちに攻撃すらできず、ということだったのですが、それは「中国が見ている日本」なのでしょうか。それとも、やはり、日本がその姿そのもので、「今、行動するとしたら、そういう日本になる」ということですか。

始皇帝　何を言っているの、おまえ。日本に〝ゴジラ〟なんか存在しないんだから、今。〝ゴジラ〟がいれば龍と戦うだろうが、〝ゴジラ〟はいないんだよ、日本には。

だからね、中国が一方的に、もう宣言するから。

石垣島《いしがきじま》なんかは当然で、尖閣も当然だけど、まあ、「琉球《りゅうきゅう》は中国のものだ」ということを宣言するから。

そのつもりでいたのにさあ、この前、琉球の何とか城という……。

質問者A　首里城《しゅりじょう》？

始皇帝　首里城というのが、突如《とつじょ》、火災で燃え上がるなんていうのは、怪《あや》しいなあ。〝怪しい攻撃〟があったので、あれは誰《だれ》かの仕業《しわざ》だろう。中国の支配下にあったことを示すものだったからなあ。

（質問者Aが座《すわ》り直すのを見て）おまえ、行儀《ぎょうぎ》悪いなあ。

質問者A　今、正座にしたんです。

始皇帝　うん……。お尻《しり》からなんか出しとるんじゃないのか！　本当に。

質問者A　（笑）

始皇帝　まあ、そういうことだから、おまえの故郷《ふるさと》は取られるから（編集注。質問者Bは沖縄県出身）。

そして、次、九州南部なあ？　今は、あれだ、もう洪水《こうずい》で九州は大変らしいから、わしらが〝助けに〟行ってやるからさあ。もう、艦隊を組んで〝助けに〟行ってやるから、九州。

質問者Ａ　いえ、その前に、おたく自身の緊急《きんきゅう》事態をどうにかしないと。

始皇帝　うん？

質問者Ｂ　四千五百万人が被災《ひさい》した洪水があります。

始皇帝　日本に金《かね》を取りに行くんだから、別に構わないじゃないか。

質問者Ａ　でも、日本もお金はないですよ。

始皇帝　金が欲《ほ》しいんだよ。

質問者A　あなたたちの起こしたコロナウィルスへの対策と、その豪雨《ごうう》の対策により、もうお金はないんです。東京都ですら、ほぼなくなってしまいましたので。

始皇帝　いや、軍隊を引き揚《あ》げてもらうためなら、安倍《あべ》は幾《いく》らでも〝身代金《みのしろきん》〟は出すんじゃないか、うん。今年も、コロナ対策で数十兆円も使ったと聞いているから。わずかこの程度の、一万人死んだぐらいで。

「中国に投資したほうが未来は明るい」と思わせたい

質問者A　先日も（習近平《しゅうきんぺい》氏守護霊《しゅごれい》に）言ってしまったのですけれども、本当に、その「お金を欲しい」という発想自体が、北朝鮮《きたちょうせん》が思いそうなことなので。

始皇帝　いや、北朝鮮も、今、死にかかっとるんだよ。

質問者Ａ　ということは、やっぱり、中国内部がそうとう疲弊《ひへい》していて、経済も悪いということを意味していますよね。

始皇帝　北朝鮮は潰れかかっているんだよ。コロナを恐《おそ》れてゲートを閉《と》ざすから、中国からも物資が入らなくて、もう潰れる。

質問者Ａ　中国も他国からお金が欲しいということは、内部事情はそうとう悪いんですよね。

始皇帝　それはそうだろうよなあ。いっぱいやって……、だから、大規模シルクロードをなあ、「陸のシルクロード」と「海のシルクロード」を同時にやろうとしていて。な？　経済的にマイナスが来たら、それはしんどいだろうなあ。どこかから取らなければいけないなあ、その金は。

質問者A　では、今、実際は〝火の車〟なんですか。

始皇帝　だから、まあ、「偽《にせ》通貨」で何とかそのへんやれないか、研究はしとるがな。

質問者A　また、まやかしですね。

始皇帝　うん、偽通貨で。中国を安泰《あんたい》に見せれば、〝食いつく〟のはいっぱいいるからなあ。「運用してやる」ということで集める。

質問者A　よく聞いていると、「思いは必ず実現する」というようなことを地で行《い》っている感じはありますけれどもね。すべてをねじ曲げて、こう……。

始皇帝　そのとおりなんだよ。
だからねえ、マイナス金利下の日本なんかで、もう金の運用先がないし、日本の株式会社なんかの株を買ったって、先は〝紙切れ〟になるのは、もう分かっているんだからさあ。
だったら、「中国に投資したほうが未来は明るい」というので、大量に金を引き上げたいなあと思って。本当は二百兆円ぐらいは目指したいところだなあ。

質問者B　でも、実際は、中国から撤退《てったい》する企業《きぎょう》がけっこう増えて、工場も撤退したりして、困っているんじゃないですか。

始皇帝　いやあ、それはねえ、だから、「君たちを滅《ほろ》ぼさないといかん」と思うとるわけよ。

質問者B　なぜですか。

始皇帝　君たちが〝悪いこと〟を言って、「中国から引き揚げろ」と言っているじゃないか。

質問者A　いやあ、もう、当会も、もっと世界に真理を広げたいのですけれども、なかなかです。

始皇帝　うん、だから、原因は……。公式に「中国から引き揚げろ」と言っているところはないじゃないか。おたくしかいないじゃないか。だから、そうやって言っているじゃないか。

質問者Ａ　では、幸福の科学の言論は届いているのですか？

始皇帝　だから、（幸福実現党は）町会議員と市会議員ぐらいしか持っていないのに、政党のふりして言い回っていると、本当に動いているところがいっぱい出てきているから。これはまずい事態が……、失業者がいっぱい出るだろう。うん、失業者がなあ。それはまずい。うん。

だから、まあ、先の日本がやったのと同じことをしようとしているわけよ。だから、なあ、今、石油・石炭・天然ガス・鉄鉱石等が出る所は全部取りにかかっているんだよ。もう早くやらないと。いや、けっこう危機が迫《せま》っとるんでね、うん。

質問者Ａ　イランとちょっと手を組む感じになってしまいましたしね。

始皇帝　うん……。まあ、イランも、でも、姑息《こそく》なんだよ。姑息でなあ。だから、不当な割引で石油は売らんとかいうのを、いちおうぬかしておるから。

質問者A　なるほど。

始皇帝　うん。姑息は姑息なんだよ、あいつも。

質問者A　姑息というか、商売ですしね。

でも、アフリカのほうも、中国という国に対する見方が変わっている国も、けっこうありますよね。

始皇帝　いや、これはねえ、金を貸してだなあ、それをカタに国を取ってくるということは、まあ、見破られてきてはいるんだけど、逆に言って、〝引っ掛《か》かったふり〟をしてだねえ、金だけ出させて〝持ち逃《に》げ〟するというか、そういう国が出てき始めておるので。

「最初から不良債権《さいけん》にするつもりで金だけ取る」という、そういうところが出てきているので、アフリカにも制裁を加えてやらなければいかん。

質問者Ａ　でも、日本から二百兆円を取っても、中国もそうするじゃないですか。返済する気はないですものね。

始皇帝　え？　何？

質問者Ａ　日本から二百兆円……。

始皇帝　いや、「人のものはうちのもの」でしょうが。何を言っているんだよ。

質問者Ａ　（苦笑）だから、自分も同じじゃないですか。「日本を通して世界の金を吸い上げる」という基本戦略

始皇帝　日本なんて、こんな〝悪の帝国《ていこく》〟なんだから、そりゃ、幾ら金を取られたってしょうがないでしょう？

質問者Ａ　なぜ〝悪の帝国〟なんですか？

中国が発展したのは、戦後、日本の企業がたくさん中国に入って、どうにか中国がもう少し豊かになって、国民のみなさんがもう少し……。

始皇帝　その前に、もう何億人殺したか分からないんだから。

質問者Ａ　いいえ、何億人も殺していません。

始皇帝　もうアジア中、殺しまくったんだからさあ。

質問者Ａ　でも、おかげで、中国の人たちも、白人の人々の支配下にならなかったんですよ。侵略されなかったんですよ。

始皇帝　香港なんか、あれねえ、日本に助けを求めるなんてねえ、恥《はじ》を知るべきだよ。香港の上空だって、もう日本の戦闘機《せんとうき》が飛び回っていたんだからさあ。日本軍が進駐《しんちゅう》して。

質問者Ｂ　でも、その前に欧米《おうべい》列強に分割《ぶんかつ》されていましたよね。

質問者Ａ　されそうになっていましたよね。

始皇帝　ええ？　そんなのしょうがないじゃない、向こうが強いんだから。日本なんか生意気なんだよ。あんなちっこいくせにさあ、屁《へ》みたいな国なのに。偉《えら》そうに。わしの始皇帝の時代の日本なんていうのは、もう朝貢《ちょうこう》外交もええところでさあ。

質問者B　白人に支配されるのは、まだいいんですか。

始皇帝　それは、しょうがないだろうよ。まあ、向こうのほうがちょっと強いんだから、今は。

質問者A　（笑）そこには、やはり少し劣等《れっとう》感を感じているということですか？

始皇帝　いや、だから、それに対しては、今、もう一段階、「巨大帝国」をつくってやるべき。
ロシアも、今、極東のほうが弱ってきて、ときどき反乱が起きているから、隙《すき》があったら、あれも取ってやろうと思っとるわけだから、うん。

質問者Ａ　外に目を向けるのは結構なんですけれども、なかにも目を向けないと、足元からすくわれてしまいますよね。

始皇帝　いや、金があれば、とりあえず黙《だま》るんだよ。金さえありゃあ、黙るから。

質問者Ｂ　でも、お金もなくなってきているんですよね。

始皇帝　だから、よその国を取る、金を取るしかないんだよ。
韓国《かんこく》も取りたいけど、もうちっこくてなあ、あそこも、本当に。偉そうに「繁栄《はんえい》している」と言っているが、ちっこいんだよなあ、ほんっと。あんなもの、もう焼け石に水なんで、シュッと吸われちゃうからさあ。

やっぱり、日本だよなあ。日本はもっと頑張《がんば》らなくちゃいけないよ。だから、日本がお金に困って、欧米諸国から金を集めて、その金をこっちも吸い取っていくというスタイルなら、日本を通して世界の金を吸い上げる。これが基本戦略だよな。うん、うん。

質問者A　でも、中国は経済成長だけが〝信仰《しんこう》の対象〟なんですよね。そんなに日本に「金、金」と言っていたら、中国の人たちが、「あれ？　うちの国、大丈夫《だいじょうぶ》じゃなかったのかな」って……。

始皇帝　いや、日本という国はもうなくなるから、もうすぐ。〝極東省《きょくとうしょう》〟だから、もうすぐ。〝極東省〟なんで、中国なんだよ。

始皇帝の時代は、国民も少なく、経済も小さかった

質問者Ａ　最近の世界では、ドイツのナチスのヒットラーという人がすごく嫌《きら》われているんですけれども、ご存じですか。

始皇帝　そんな〝小さな国〟のことは知らんわ。そんな〝小さな国〟のことは。〝小さな国〟は。ちっこい国。日本よりちっこいんだろうが。国土も人口も。

質問者Ａ　でも、（中国も）大昔は、国土が広いだけで、それほど人はいなかったでしょう？

始皇帝　わしの時代は、もう〝世界皇帝〟よ。

質問者Ａ　いえ、いいんですけど……。

質問者Ｂ　世界が狭《せま》かったんですよ。

質問者Ａ　そう、世界も狭い。

始皇帝　世界っていうけど、あとは、もう民度の低いのしかいない。

質問者Ａ　国民の人数は少ない。お金の経済レベルも小さい。

質問者Ｂ　しかも、統治期間はすごく短かった（十一年間）ですよね。

質問者Ａ　本当ですよね。

始皇帝　短くても「チャイナ」という名前はうち（秦《しん》）から来ているんだからさ。漢《かん》民族の代表なんだから、うん。

とにかく、もう、中国だって何十もの民族は持っとるので。漢民族が支配民族で九十パーセントなんだ。ね？　そのもとは私なのよ。

洞庭湖娘娘《どうていこニャンニャン》を警戒《けいかい》する始皇帝

始皇帝　もう、何とか娘娘《ニャンニャン》が来るんなら、洞庭湖《どうていこ》、埋《う》めるぞ！　本当に。

質問者Ａ　でも、洞庭湖の近くの川を渡《わた》ろうとしたら、渡れなかったんですよね？

始皇帝　だから、「埋めるぞ」と言っているんだから、もうほんっとに。もう燃やしまくってやろうか、うん。

●洞庭湖の近くの……　『史記』によると、中国を統一した始皇帝が各地を巡行中、湘山《しょうざん》（洞庭湖付近にある山）に行くため揚子江《ようすこう》（長江《ちょうこう》）を渡ろうとしたが、大風に遭って渡ることができなかったとされる。

質問者Ａ　いえ、水だから燃えないですよ。

始皇帝　油を撒《ま》いて。

質問者Ａ　いえ、燃えませんから。

始皇帝　水の上に油は浮《う》くから。油が浮いて、燃やしまくったら焼け死ぬんじゃねえか。

質問者Ａ　中国の古きよき政治スタイルの「徳治《とくち》政治」などは、まったく勉強されていないのでしょうか。

始皇帝　そんなこと、どうでもいいんだよ。「洞庭湖」が、最近、生意気なことを言っているらしいから。何？　「大中華帝国《だいちゅうか》の崩壊《ほうかい》」？　「序曲」？　こんな生意気なことを言っているんだったら、くず油を流して、もうボンボンと火と煙《けむり》でやって、この水の女神《めがみ》の着物をもう〝真っ黒〟にしてやる。フンッ！

4 中国霊界《れいかい》の実態を探《さぐ》る

「自分は中国の神だ」と言い張る始皇帝

質問者B　去年、日本では、「キングダム」という映画が流行《はや》りました。

始皇帝　わしに憧《あこが》れたのかなあ。

質問者B　その前に、マンガがヒットしていました。

始皇帝　まあ、わしに憧れる者はみんな成功する。

質問者Ｂ　そうしたことも、いちおう霊界《れいかい》から見ていますか？

始皇帝　それは、わしの霊力は、もうすべて及《およ》んどるからなあ。日本なんかは、もうとっくに〝朝貢国《ちょうこうこく》〟なんだよ。昔から、もう、そうなんだよ。いいものは全部、中国産なんだよ。中国から仕入れているんだよ。

質問者Ｂ　どうして、日本に対してそんなにこだわりがあるんですか。

始皇帝　蛮族《ばんぞく》なのよ、君らは。「東夷《とうい》」っていう、もうねえ、夷狄《いてき》なんだよ。

質問者Ａ　日本に生まれたことはないんですか。

始皇帝　何が！

質問者A　あなた。

始皇帝　なんで、わしが日本に生まれなければいけないんだ！

質問者A　今、滔々《とうとう》と日本語を話しているし、アジア圏《けん》のなかだったら転生輪廻《てんしょうりんね》することも可能ですよ。

質問者B　中国に生まれたり、日本に生まれたりという人は、けっこういるんですよ。

質問者A　そうそう。

始皇帝　おまえらは、なんか、「人間」と間違《まちが》っているんじゃないか。

質問者Ａ　私たちも中国に生まれたことはありますし。

始皇帝　わしはもう「神」なんだから、そんなもん、人間と一緒《いっしょ》にするな。

質問者Ａ　分かりますよ。「神になりたかった男」ということは、分かっています。

始皇帝　それは、あれだろう？　習近平《しゅうきんぺい》とか毛沢東《もうたくとう》の話だろうが。

質問者Ａ　始皇帝さんもみな、〝サブタイトル〟は、「神になりたかった男。でも、なれなかった男」です。

始皇帝　「男」じゃなくて、そんな「過去形」じゃなくて、「神そのもの」だよ。
「中国の神」なんだ。

質問者A　に、なりたかったんでしょう？

始皇帝　「中国の神」なんだ！

質問者A　に、なりたかった。

質問者B　毛沢東も「中国の神」と言っていましたよ。

始皇帝　人間に生まれる必要なんかないよ、神は。

質問者Ａ　大丈夫《だいじょうぶ》ですよ。習近平氏はあなたを追い越《こ》して、あなたより偉大《いだい》な神になりたくて、今、頑張《がんば》っていますので。

始皇帝　うん……、それは失敗するだろうな。

質問者Ａ　だから、あなたが部下だと思っている人は、みんな、あなたの敵なんですよ。

始皇帝の霊体《れいたい》について、「体」や「目」の色を訊《き》く

始皇帝　まあ、とにかく龍《りゅう》は獲物《えもの》を求めて今は動いとるから、みんな。

質問者Ａ　ちなみに、何色ですか？

始皇帝　うん？

質問者Ａ　何色ですか？

始皇帝　わし？

質問者Ａ　はい。

始皇帝　おまえ、それは何の魂胆《こんたん》があって訊《き》いとるんだ。

質問者Ａ　いえ、何色というのは大事ですよ。

始皇帝　何の魂胆が……。

質問者Ａ　あなたは何色？

始皇帝　魂胆は？

質問者Ａ　やはり、黒ですか？

始皇帝　魂胆は何？

質問者Ａ　いや、心はどす黒いのかなと思って。

始皇帝　魂胆は？

質問者Ａ　何色？

始皇帝　白と黒だったらどうすんだ。

質問者Ａ　いや、白はない。入っていないでしょう？

始皇帝　ええ？　背中が黒で、腹が白だったらどうするんだ。

質問者Ａ　いや、白は入っていないでしょう。

始皇帝　チェッ。

質問者Ａ　何色？

始皇帝　「黒」だよ。

質問者Ａ　（笑）ほら。

始皇帝　まあ、黒……、黒っぽい。

質問者Ａ　十七個の頭があって、全部黒ですか？

始皇帝　いや、そら、微妙《びみょう》な〝輝《かがや》き〟に違いはあるかもしらん。

質問者Ａ　本当に？

始皇帝　うん。太陽の光を浴びたら、いろいろと輝くかもしらん。

質問者A・B　黒光《くろびか》り。

質問者B　目の色はどうですか。

始皇帝　目の色かあ。そらあ、うーん……。燃えるダイヤモンドみたいなものだろうなあ。

質問者B　石炭？

質問者A　希望ではなくて、本当のことを。

始皇帝　やっぱり、火、ファイアーボールだろうが。

質問者Ａ　赤い目をしている？

質問者Ｂ　燃えている？

始皇帝　燃える、燃えるような……。

質問者Ａ　「欲望」で燃えているからですね。

始皇帝　〝燃えるような目〟だろうなあ、そらあ。

夢のなかで巨龍《きょりゅう》が落とされた場所は沖縄《おきなわ》？

質問者Ａ　幸福の科学の映画では「神秘の法」とかですね、いろいろ……。

始皇帝　ヒットしない映画か。

質問者Ａ　いえ、賞を頂いています。

始皇帝　フンッ。しょうもない。

質問者Ｂ　●アメリカでも賞をもらいました。

始皇帝　ええ？　ああ、あそこはうちの領事館が、今、追い出されたところじゃね

●アメリカでも賞を……　映画「神秘の法」（製作総指揮・大川隆法、2012年公開）は、2013年ヒューストン国際映画祭において、劇場用長編映画部門の最高賞である「スペシャル・ジュリー・アワード」を受賞。

えのか？　本当に。

質問者Ａ　まあ、いろいろあるのですけれども、その行動はずいぶん前から本当の神様に見抜《みぬ》かれています。実際、夢のなかでも、総裁先生の念力《ねんりき》には勝てなかったんですよね。

始皇帝　うーん……。

質問者Ａ　空中に持ち上げられるときは、どんな感じになったんですか？

始皇帝　いや、金縛《かなしば》りをかけに来よったからさあ。

質問者Ａ　やはり、金縛りなんですね。

始皇帝　ああ。この巨大《きょだい》な体をどうやって金縛りにかけるんだか。

質問者B　それはビリビリッと来たのですか？　どんな感じですか。

始皇帝　うーん、目に見えないロープを巻かれて、あと、電流みたいなものが走って痺《しび》れる感じに似ている。

で、空中に上げられて、あれはどこへ落とされたかなあ。空中に上げられて、うーん……。

でも、やっぱり沖縄《おきなわ》の山らへんに落としたんじゃないか。

質問者B　山ですか。

始皇帝　うーん。

質問者B　沖縄本島ですか?

始皇帝　うん。その山らへんに落とされたような気がする。

質問者B　沖縄本島の北のほうかもしれません。

始皇帝　チェッ(舌打ち)。

質問者A　それでさらに、二つに斬《き》られた。

始皇帝　うーん。

質問者A　痛かったですか。

始皇帝　ちょっとな。

だけど、ぐずぐずしとったからさあ。日本政府がぐずだからさ、まあ、何とか逃《に》げ出すことができた。うん。

質問者A　日本の発信している念波《ねんぱ》は、非常に悲しいですね。

始皇帝　今は自衛隊さえ出てないからさあ。海上保安庁の保安船が出てさあ、漁船だと思って警告しに出てくるぐらいのことだから、「漁船でなかったら、どうするつもりかいのお」って。海上保安庁の、な？　ちっちゃい、ちっちゃい大砲《たいほう》一個を付けてるやつが、目の前に真っ黒い原子力潜水艦《せんすいかん》みたいなのが浮上《ふじょう》したら、どうするつもりなんだろう。

質問者A　情けないですね。官僚《かんりょう》も政治家も、国民の生命・財産・安全を護《まも》らなければいけないということを忘れているのではないでしょうか。

始皇帝　護る気がないんじゃないか、あれは。

中国人の大部分は、失業者と変わらない生活をしている

質問者B　安倍《あべ》首相についてはどう思いますか？

始皇帝　まあ、今年は大盤振《おおばんぶ》る舞《ま》いしとるなあ。だから、あの程度で、そんなに金を撒《ま》いとったら、国がもう潰《つぶ》れてしまうだろうが。と思うがなあ。

とにかく、「日米関係を潰す」のも一つの目的。「日米同盟の破棄《はき》」も、できたら

やらせたいから。軍事費用で揉《も》めて、そんなふうにしたいし。アメリカも景気が悪いしねえ。アメリカの不況《ふきょう》は、必ず日本の不況になるからさあ。ちょっと時差があっても、一年以内には日本も大不況が来るから。それは逃げられんだろうなあ。

質問者A　でも、総裁先生は去年の年末、まだ新型コロナウィルスが発表されていないときからすでに、「二〇二〇年は、中国発の世界不況が起きる」というようなことを言われているんですよ。アメリカ発のように、今言いましたけれども、アメリカの不況ではなくて、「中国がつくり出した不況」なんですよ。

始皇帝　だけど、アメリカは不況だよ。な？　そらあなあ、そうとうな失業者が出るな。

質問者A　でも、あなたは今、日本にお金をせびりに来ている……。

始皇帝　何千万人という失業者だよ。

質問者Ａ　中国は、そもそも失業者どころではなくて……。

始皇帝　いや、失業者の山。もともと失業者だから、別に構わないんだよ。金持ちは収入が減るかもしれないが、もともとは、失業者と変わらない生活をしているから、大部分は。六、七割はな。

質問者Ａ　そういう方々のことを、どうにかしてあげたいとは思わないのですか？

始皇帝　海外旅行する金があった人たちが、海外旅行をする金がなくなるぐらいのことはあるだろうが。

質問者A　統治者として、そのように苦しんでいる国民を見て、何とも思わないのですか。

始皇帝　習近平の責任だから……、習近平じゃないわ、鄧小平《とうしょうへい》の責任だろうが。知らんわ。わしには、そんな「資本主義市場経済」なんて……、違う、「社会主義市場経済」なんて、よく分からん。

質問者A　確かに、始皇帝が現代に生まれ変わっても、経済はきっと分からないですよね。

始皇帝　いやあ、とにかく〝万里《ばんり》の長城《ちょうじょう》〟をつくらないといかんのよ。

始皇帝は経済学者のケインズに転生《てんしょう》したのか

質問者Ｂ　いちおう、ケインズとして転生《てんしょう》されたというのは本当なのですか。

始皇帝　うーん。

質問者Ａ　ケインズは分かりますか？

始皇帝　わしは〝中国の神〟だから、よう分からんけどねえ。

質問者Ａ　やはり、また〝横文字弱い系〟じゃないですか？

ケインズは分かりますか？

始皇帝　まあ、わしに学んだのと違うか、ケインズという輩《やから》は。

質問者B　公共事業をする……。

始皇帝　わしの万里の長城を見て、「こんな二千年も歴史に遺《のこ》るようなものつくったのは、もうギザのピラミッドと万里の長城しかない！　宇宙から見ても分かる。宇宙時代にふさわしい」っていうことで、わしの仕事を勉強して考えたんじゃないかなあ。

質問者B　秦《しん》の始皇帝のあとは生まれていないのですか？

始皇帝　だから、「神だ」って言っとるじゃないか。人間じゃない。

質問者Ａ　やはり、ずっと地獄《じごく》にいるのかな。

始皇帝　神なんだから。

質問者Ａ　地獄から転生できないですものね。

質問者Ｂ　そうですよね。

始皇帝　だから、会議を、全人代《ぜんじんだい》をやらないといかんからさあ。やっぱり、中心が要《い》るだろうが。

質問者Ａ　全人代をやる必要はないですよね。

始皇帝　なんで？

質問者A　だって、トップの人が決めることに、周《まわ》りは全部従わなければいけないだけですから。

質問者B　形式的なだけですよ。

質問者A　わざわざ集める必要はないじゃないですか。

始皇帝　わしのような徳望《とくぼう》のある君主ともなれば、下々《しもじも》の者に耳を傾《かたむ》けないといかんわけだから。

質問者A　日本の政治家で、安倍首相の周りに親中派といわれる二階《にかい》幹事長とか今《いま》井補佐官《いほさかん》という人がいます。今、アメリカからも名指しで、「日本の親中政策をしている人たち」と言われているのですけれども、お会いしたことはありますか？　ないですか。

始皇帝　うーん……。

質問者Ａ　そんな〝下々〟は知らないですか。

始皇帝　まあ、小物《こもの》だわなあ。

質問者Ａ　分かりました。

始皇帝　どうせいなくなるだろうから、もうすぐ。まあ、そんなのを相手にはしてないけどさ。中国から利益を取ろうとしてるやつらだからさ、それは。

質問者A　ああ、なるほど。中国のお金を日本に引いてこようとしているように見えるんですね。

始皇帝　向こうは、中国が発展したその金を、吸い取ろうとしてるだけだからさ。お互《たが》い様だよ。そんなものな。

質問者B　秦の始皇帝がプランを考えて、それをどうやってこの世で実現していくのですか？

「中華《ちゅうか》人民共和国」の建国時は、毛沢東《もうたくとう》を霊界《れいかい》から指導していた

始皇帝　もうすでに、着々と全部進んどるじゃないか。

質問者Ａ　だって、習近平さんとかにインスピレーションを降ろせるのですか？

始皇帝　それはそうだよ。だから、わしはもう本当に、何て言うかなあ、父であり母であるわけだよ。

だから、習近平は、あの足りない頭でさあ、こんな「世界制覇《せいは》計画」を立てられるわけがないじゃないか。

質問者Ａ　毛沢東《もうたくとう》とは会ったりするのですか。

始皇帝　まあ、農業しか分からんかった男だからのお。まあ、たまに使うことはあろうけどなあ。

質問者B　今の中国、「中華《ちゅうか》人民共和国」を建国するときは、霊界《れいかい》から指導していたのですか?

始皇帝　まあ、毛沢東が、わしのまねをしようとしていたことは事実だから。その限りでは、もちろん応援《おうえん》はしとったわなあ。

質問者B　では、あなたのことを尊敬していたから指導を受けられたということですか。

始皇帝　もちろん、それが「波長同通《はちょうどうつう》」じゃないか。

質問者A・B　うーん……。

質問者Ｂ　今までで、「この人はいい人だった」という人はいますか。

始皇帝　はあ？

質問者Ａ　「よく使えるやつだな」とか。

始皇帝　はあ？

質問者Ｂ　「よく心得《こころえ》ている」とか。

始皇帝　わしのような偉大な存在から見たら、もうそんなのは、ちょっと……、分からんな。みんなバッタの一匹《ぴき》ぐらいにしか見えんので。

「法治主義」の商鞅《しょうおう》が習近平《しゅうきんぺい》の〝顧問《こもん》〟を務めている

質問者A　いちおう、始皇帝は「法治主義」を〝騙《かた》った〟んでしたか？

始皇帝　ああ、そらそうじゃ。

質問者A　「かたった」というのは、「騙《だま》した」のほうですよ。

始皇帝　何？　何、何、何……？

質問者A　（笑）

始皇帝　何ということ……。

質問者Ａ　「語る」「スピーク」のほうではなくて、「騙した」のほうです。

始皇帝　「騙った」って、実際に法治主義をやった。全国統一したんだ。大偉業なんだよ。中国を全国統一して……。

質問者Ａ　商鞅《しょうおう》はいるんですか。

始皇帝　ああ、それはちょっと先発としてはいるわなあ。

質問者Ａ　あの世で会ったりしますか？

始皇帝　うーん、まあ、いるんじゃないかなあ。

質問者A　会いますか？

始皇帝　いや、習近平《しゅうきんぺい》の〝顧問《こもん》〟についてるとは思うよ。

質問者A　そうなんですね。

始皇帝　今はなあ。習近平の〝顧問〟をやってるんじゃないか。「法律でギャンギャンに締《し》め上げる」っていうのをやってると思うよ、たぶんな。だから、けっこう、習近平は法治主義なんだ。うん。

5　浮《う》き彫《ぼ》りになる始皇帝の思想的限界

生前、「不老不死《ふろうふし》」を求めた始皇帝

質問者Ａ　始皇帝さんの死の直前に、不吉《ふきつ》な暗示があったらしいです。空から隕石《いんせき》が落下したんですけど、その隕石に、誰《だれ》かが、「始皇帝が亡《な》くなり天下が分断される」という文字を刻みつけたんだそうです。でも、犯人が分からないから、近隣住《きんりん》民は、全員殺されたらしいんですよ。

ただ、空から降る隕石に文字を刻むということは、つまり、「天の意志である」ということを主張した行為《こうい》であって、民衆がそれを望んでいたのではないかと言われているようです。

始皇帝　フンッ、つまらん（笑）。小さすぎる。芋《いも》でも降ってきたほうがいいわなあ。

質問者A　あと、「不老不死《ふろうふし》」を求めたんですよね。

始皇帝　ああ、それはそうだ。

質問者A　歴史で学ぶと、「水銀がいい」と言って飲んで、結果、その水銀が死因になっているのではないかとのことですが、そこについての感想はどうですか？

始皇帝　まあ、それは言われてはいるな。うん。

質問者A　悲しいですけれどもね。

始皇帝　それは、まあ、医学の落ち度だなあ。

質問者Ａ　「不老不死を求めた」ということは、やはり、「あの世はないと思っていた」ということですよね。

始皇帝　いやあ、この間、おまえが言っとるのと同じで、百年ぐらいは、それは、生きたいとは思うだろうが。

質問者Ａ　いえ、私と一緒《いっしょ》ではないのですけれども。

始皇帝　頭がよすぎてさあ、もう、ごく短期で天下制覇《せいは》してしもうたけどさあ、もし、わしが百歳《さい》まで生きとったら、秦《しん》の帝国《ていこく》は、もっと偉大《いだい》なものになったであろう。

質問者Ａ　もしかしたら、謀反《むほん》とかで殺されていたかもしれないですよ。

始皇帝　まあ、そんなことはないよ。そんな、あとの劉邦《りゅうほう》ごときがまとめたりできるようなあれじゃなかった。頭は私の百分の一もなかろうよ。

「毛沢東《もうたくとう》は〝新人賞〟、帝王《ていおう》になるにはまだ早い」

質問者Ａ　では、この（総裁先生が見た）夢は、やはり、「中国が支配したいということを訴《うった》えていた」という……。

始皇帝　まあ、とにかくだなあ、日本は〝台湾省《たいわんしょう》〟と同じく……。まあ、〝台湾省〟、〝極東省《きょくとうしょう》・日本〟、および韓《かん》半島だなあ、〝韓国省〟、この三つに分けるっていうことだな。
　あと、できたら、フィリピンとベトナムは取りたい。

質問者Ａ　魚を獲《と》りたいからですか？

始皇帝　うん。あの近隣を自由に航行して、やりたいから、あちらの軍隊は、全部潰《つぶ》したい。

質問者Ａ　毛沢東《もうたくとう》とあなたと、どちらが悪いんですか？

始皇帝　そういう言い方はないだろう。「どっちが偉大か」といえば、それは……。

質問者Ａ　では、どちらが偉大に悪いんですか。

始皇帝　偉大に……（笑）。そういうものは答えない（笑）。答えられないな。そういう……。

質問者Ａ　では、地獄《じごく》的意味において、どちらが偉大なんですか。

始皇帝　それは、私が偉大なのに決まってるじゃないですか。

質問者Ａ　えっ、毛沢東よりもっと深い所に……。

始皇帝　毛沢東は、まだ〝新人賞〟ぐらいなんだ。〝新人賞〟なんですよ。

質問者Ａ　あ、〝新人賞〟。

質問者Ｂ　ああ、「歴史がまだ浅い」ということですか。

始皇帝　七十年ぐらいだから、「新人」なんですよ。まだ「帝王《ていおう》」になるには早いですよ。

質問者Ａ　あなたは、生きているときは、神様などを信じていなかったんですか？　自分が神だと思っていた？

始皇帝　わしが神じゃないか、何を言ってるんだ。わしが神であって、それをまねして、日本でも天皇制ができたんだ。

質問者Ａ　そうではありません。

質問者B　そうではないと思います。

始皇帝　いや、そうなんだよ。

質問者A　そういうことにしたいんですよね？

始皇帝　だから、天皇制を古いことにしている、あの〝インチキバブル〟がな。五百年ぐらい〝バブル〟が入っとるから。

「転生輪廻《てんしょうりんね》」を理解せず、自分の過去世《かこぜ》も分からない

質問者A　秦の始皇帝として生まれてこれたということは、その前もあると思うんです。転生輪廻《てんしょうりんね》は分かりますか。

始皇帝　分からん。

質問者Ａ　分からないですか。では、「秦の始皇帝以外の自分」は経験したことがない？

始皇帝　うーん、秦の始皇帝……、うーん……。わしより偉大な人が、私より前にいないからなあ。

質問者Ｂ　堯《ぎょう》とか、舜《しゅん》とか……。

始皇帝　それは小さい者でしょう。

質問者A　泰山娘娘《たいざんニャンニャン》は知っていますか？

始皇帝　ああ、名前は聞いたことはあるがな。

質問者B　泰山娘娘は、インド（大陸）がユーラシア大陸にぶつかる前から、中国にいたようです。

質問者A　見ているんです。

始皇帝　それは大ボラを吹《ふ》いてるんだよ。

質問者A　秦の始皇帝について、（泰山娘娘は）何と言っていましたっけ？　何か言っていましたよね。「始皇帝は、始まりかのように言っているけど、それは嘘《うそ》だ」

●泰山娘娘　中国の民間信仰の女神。『大中華帝国崩壊への序曲―中国の女神 洞《どう》庭湖《ていこ》娘娘、泰山娘娘／アフリカのズールー神の霊言―』（幸福の科学出版刊）参照。

というように言われていましたよ。「始皇帝って、自分が始まりだと思っとるが、中国はもっと昔からあるんじゃ」と……。

始皇帝　いや、わしより年上じゃったと言いたいんだろう。まあ、それはそうかもしらんけど。フンッ。はあ……。

「統治者の側から見たら、自由なんて、いいことは何もない」

質問者Ｂ　以前の霊言《れいげん》を振《ふ》り返ってみると、二〇一七年十月二十一日にご収録があったのですけれども、そのときに、総裁先生は、秦の始皇帝について、「思想家の力を軽視している」という弱点を最後におっしゃっていました。今、いちばん怖《こわ》いのは、やはり、「宗教」なのではないですか。

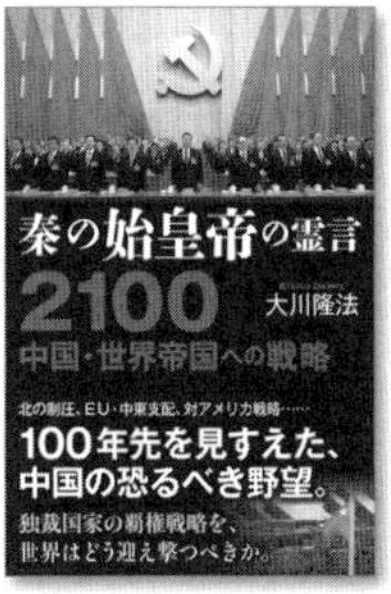

●以前の霊言を……　『秦の始皇帝の霊言　2100 中国・世界帝国への戦略』（幸福の科学出版刊）参照。

始皇帝　まあ、宗教なんか要《い》らんわねえ。私はねえ、二千年以上前において、もう科学的であったのよ。度量衡《どりょうこう》の統一、全国の交通路の整備、そして、匈奴《きょうど》が入らないように、ああ……。

質問者Ａ　万里《ばんり》の長城《ちょうじょう》。

始皇帝　〝大万里の長城〟を築く。海上貿易を盛《さか》んにする。いろんな国々を臣下《しんか》にして、そして、朝貢《ちょうこう》させて、金銀財宝、いろんな特産物を持ってこさせる。まあ、本当だなあ、神の理想だったんだ。

質問者Ａ　そして、焚書坑儒《ふんしょこうじゅ》で「思想の統制」プラス「言語の統制」をした、と。

始皇帝　うん。まあ、余計な言論、思想は要らんわな。「法家主義」でやるつもりでおったんでな。

質問者Ｂ　でも、中国で反乱が起きるときは、いつも宗教が核《かく》になっているのではないですか。

始皇帝　まあ、そらあ、〝神がかってくる変なの〟がときどき出てくるでな。

質問者Ｂ　今日、魯迅《ろじん》さんの霊言を頂いたときも、「もっと新しい思想が中国に必要なんだ」というお話があったのですが、そういうのがいちばん困るのではないですか。「自由の思想」とか。

始皇帝　そんなの、おまえら〝西洋かぶれ〟がいいように思ってるだけで、統治者の側から見たら、自由なんて、いいことは何もない。自分らの自由が欲《ほ》しいんであって、「統治側の自由」は必要だけど、「被《ひ》統治側の自由」なんて与《あた》えたら、もう、それは、さんざん反乱は起こすわ、略奪《りゃくだつ》、暴行はするわ、脱税《だつぜい》はするわ、ろくなことがない。いいことなんか、何一つない。

「神々の頂点の神」を自称《じしょう》するも、人類創造の説明は曖昧《あいまい》

質問者B　でも、人間には、「仏性《ぶっしょう》」があるので……。

始皇帝　ないよ！　そんなの、勝手に言うな。

質問者B　ないんですか。

始皇帝　ないよ！

質問者B　あなたにもあるんですよ。

始皇帝　アホ。わしは神じゃ。なんで、そんなこと言われないといかんの。

質問者A　では、なぜ、人間ができているんですか。

始皇帝　知るかよ、そんな下々《しもじも》について。

質問者A　どうやって創ったんですか。神なら、教えてください。

始皇帝　わしは、神々の頂点の神なんだよ。

質問者A　本来、その神が人間を創ったはずなんです。

始皇帝　人間を創ってるのは、もっと下の神が創っとるんじゃ。

質問者Ａ　では、下に、「創れ」と命令したんですか。

始皇帝　ああ、もう、ずーっと下の者がな……。

質問者Ａ　「創れ」と言ったの？

始皇帝　「労働者」を創ったんだよ、労働者を。神に奉仕《ほうし》するための労働者は必要なんだよ。被支配階級が必要なんだよ。

質問者Ａ　ああ、やはり、そういう思想なんですね。

始皇帝　うん。

質問者Ｂ　では、あなたは、何を創ったんですか。人間は創らないで、何を創ったんですか。

始皇帝　地球を創ったんじゃ。

質問者Ａ　嘘をつけ。

始皇帝　文明を創った。

質問者Ａ　「嘘をつくな」というのは、仏陀《ぶっだ》の教えですよ。

始皇帝　世界文明を創ったんだ。

質問者Ｂ　文明のもとには、必ず宗教があるんですよ。

始皇帝　仏陀なんてそんなねえ、乞食坊主《こじきぼうず》と一緒にするなよ！

質問者Ａ　でも、確実に白人は創っていないでしょう、あなた。アングロサクソンが怖いんでしょう？　創っていないですよね。

始皇帝　白人っていうのは、まあ、ちょっと、交通の便が悪いから、よく知らないんだけど。

質問者Ａ　創っていないじゃないですか。

始皇帝　日当たりが悪いために、色素が足りない人たちなんだよ。

質問者Ａ　あなたは創っていないんでしょう。

始皇帝　何を？

質問者Ａ　白人の人たちです。

始皇帝　いや、あっちからだって、それは、朝貢には来とったよ、ちょっとはな。

なぜ、今回、始皇帝が現れたのか

質問者Ａ　なぜ、総裁先生のところに来たんですか？

始皇帝　ええ？

質問者Ａ　私が直後に聞いた夢でも、すごくリアルな夢で、「すごい夢だな」と思ったんですけれども、やはり、完全に中国を表しているのかな、と。龍《りゅう》が攻《せ》めてくる……。

始皇帝　今さあ、クソ日本がさあ、クソ生意気《なまいき》にさあ、憲法も改正できず、何にも法律もつくれんくせにさあ、イージス・アショアとかが設置できないなら、敵基地内へ〝先制攻撃《こうげき》〟することもありえるみたいな会議をやってるとかいう。

まあ、そういう右翼《うよく》分子の変なやつが、ちょっと、口だけだけどな、口だけ会議してはいるけど、ヘッ、できるもんか。〝こっちが攻撃する〟のが先だわ。うん、それを教えたかった。

質問者Ａ　分かりました。

6

洞庭湖娘娘《どうていこニャンニャン》を招霊《しょうれい》する

洞庭湖娘娘を呼ばせまいとする始皇帝

質問者A　では、今日はスムーズに帰れますか?

始皇帝　帰れ……。

質問者A　それとも、洞庭湖娘娘《どうていこニャンニャン》を呼んだほうがいいですか?

始皇帝　いやあ、このねえ、かわいそう……。せっかく、君たちの友達で、親交を持っている洞庭湖娘娘が、無残《むざん》に、猫《ねこ》の死体みたいに引き裂《さ》かれるところは見せたくはないな、かわいそうだから。

それは無理だよ。巨大龍《きょだいりゅう》に、それはねえ、君ね、十七個も頭がある龍にね、そんな猫一匹《ぴき》で勝てるわけがないだろうが。

質問者Ａ　〝一匹〟ではないと思います。

始皇帝　一匹だよ、あんな。

質問者Ａ　では、洞庭湖娘娘を呼びますね。

始皇帝　赤いちゃんちゃんこを着たどら猫だよ、あんなの。大きめの。

質問者Ａ　では、洞庭湖娘娘を呼びます。

始皇帝　呼んだって無駄《むだ》だって。

質問者Ａ　（手を二回叩《たた》く）

始皇帝　ああ、無駄、無駄、無駄、無駄。フンッ、わしに勝てるか。そんなものは地上には存在せん。

質問者Ａ　いいえ、あなたも今、地上に存在していないんですけれども。

始皇帝　ああ、地下には存在せん。

質問者Ａ　洞庭湖娘娘。

始皇帝　おまえの石垣島《いしがきじま》は、もうすぐ落ちるんだ。ハッ。

質問者B　自分の国は自分でちゃんと護《まも》ります。

始皇帝　紫芋《むらさきいも》を死ぬ前に食っとけよ。

質問者B　おいしいんです、紫芋。

始皇帝　懐《なつ》かしい紫芋とサトウキビ畑な。

突如《とつじょ》、自分の功績を主張し始める始皇帝

質問者A　中国の国民のみなさんのなかにも、善良なる方々がたくさんいて、光の天使たちも生まれているのに、あなたが、自分の覇権欲《はけんよく》とか、名誉欲《めいよ》とか、権力欲で、そういう人々を潰《つぶ》す資格は、誰《だれ》からも与《あた》えられていません。

始皇帝　私は神だから。私が与えるんでしょう。

質問者Ａ　もういいんですよ。「私は神」というのも、本当に、ちゃんと神としての言動を表《あらわ》してから言ってほしいです。そこに愛がなければ神ではありません。

始皇帝　それなら、おまえも愛がないから神でないわ。おまえは盗人《ぬすっと》だ。

質問者Ａ　阿房宮《あぼうきゅう》をつくっている愛があるなら、もう少し人類への愛を持ってください。中国国民への愛を持て。

始皇帝　何、おまえみたいなケチな女にねえ、世界を支えることはできないんだよ。阿房宮はねえ、奥《おく》さん、妾《めかけ》、三千人なのよ。

質問者Ａ　三千人もいて、一年のうちに何回回《まわ》れるんですか。

始皇帝　ええ？　三千人を養えるねえ、奥さんと妾を養える力っていうのは、大川隆法のいったい何倍あるっていうんだわなあ。

質問者Ａ　だから、早く死んだのではないですか？

始皇帝　そんなことはないよ、まあ……。

質問者Ｂ　恨《うら》まれたのではないですか、いろいろな人から。

質問者Ａ　恨まれるし、エネルギーは浪費《ろうひ》するし……。

始皇帝　いやあ、同じことをやってみろっていうんだ。中国大陸に巨大な壁《かべ》をつくったり、運河をつくったり、南北格差をなくしてねえ、それは素晴《すば》らしい道路を敷《し》いてねえ、西洋との貿易もあったしなあ。

日本なんか、本当に貢《みつ》ぎ物を持ってきて、ねえ？　卑弥呼《ひみこ》が貢ぎ物を持ってきたのは、私よりあとのあとで。そのあとぐらいから、日本でやっと「天皇」を名乗るようなのが出てき始めたんで。日本は五百年の歴史をごまかしとるんだから、本当ね。フンッ。

苦し紛《まぎ》れに「キングダムをつくる」「強い者が勝つ」を連呼する

質問者Ａ　さようなら。（約五秒間の沈黙《ちんもく》）

質問者Ｂ　（笑）（始皇帝が）白目《しろめ》になっています。

質問者Ａ　では、洞庭湖娘娘。洞庭湖娘娘、いらっしゃいますか。洞庭湖娘娘。エル・カンターレ像を洞庭湖に建てる、洞庭湖娘娘。

始皇帝　ふうーっ。

質問者Ａ　秦の始皇帝は、まだ野望を捨てていないそうです。すごい顔になっていますけれども、どうしたんですか（笑）。

質問者Ｂ　しかめっ面《つら》が……。すごい、見たことのないぐらいのしかめっ面です。

始皇帝　キングダムをつくる、キングダムをつくるんだあ！　キングダムをつくるーー！

質問者A　キングダムはつくれません。

始皇帝　キングダムをつくるうーー！

質問者A　無理です、諦《あきら》めなさい。

始皇帝　強い者が勝つううう！

質問者A　では、洞庭湖娘娘の爪《つめ》が伸《の》びます（手を七回叩く）。

始皇帝　強い者が勝つううう！

質問者Ａ　引っ掻《か》きます。

始皇帝　強い者が世界を取るううう－！

質問者Ａ　洞庭湖娘娘（手を三回叩く）。

始皇帝　トランプを殺す、引き裂くううう……！

質問者Ａ　洞庭湖娘娘、あなたの爪は鱗《うろこ》を切り裂きます。鱗を切り裂きます。神のために戦ってください。

第2章　洞庭湖娘娘《どうていこニャンニャン》の霊言《れいげん》

二〇二〇年八月一日　収録

幸福の科学　特別説法堂《せっぽうどう》にて

洞庭湖《どうていこ》娘娘《ニャンニャン》

「娘娘」とは、もとは「母」「貴婦人」「皇后」などの意で、役割に応じて種々の娘娘がいる。洞庭湖娘娘は、中国湖南省《こなんしょう》北部にある中国第二の淡水湖《たんすいこ》・洞庭湖の女神《めがみ》である。

［質問者二名は、それぞれA・Bと表記］

〈霊言《れいげん》収録の背景〉

始皇帝《しこうてい》（第二部 第1章）の収録に続き、洞庭湖娘娘の霊を招霊《しょうれい》した。

1 まもなく中国の大崩壊《だいほうかい》が始まる

中国で内乱が大きくなるように動いている洞庭湖娘娘《どうていこニャンニャン》

洞庭湖娘娘　はい、洞庭湖娘娘《どうていこニャンニャン》です。

質問者A　はい。ありがとうございます。

質問者B　ありがとうございます。

洞庭湖娘娘　もう、全部片付けなきゃいけないのかなあ、私が。

質問者Ａ　そうですねえ……。

洞庭湖娘娘　本当にしょうがないなあ。川が氾濫《はんらん》して、みんな家がなくなったから困って。政治家は責められるから、他国にこうやって脅《おど》しをかけてるんでしょう?

質問者Ａ　ああ。では、やはり、秦《しん》の始《し》皇帝《こうてい》ですら、今、中国内部から責める波動《はどう》は来ているから……。

洞庭湖娘娘　独裁者を、今、嫌《きら》い始めているから、みんながね。

質問者Ａ　なるほど。

洞庭湖娘娘　いや、そうなんだ。水だから、香港《ホンコン》だって「Be《ビー》 water《ウォーター》」って言ってるじゃない。「水になれ」って言ってるでしょ。

質問者Ａ　ああー。

洞庭湖娘娘　だから、私らは呼応してやって、水を出してやってるんだよ。

質問者Ａ　なるほど。

洞庭湖娘娘　これからカンカン照りになるかもしれないけど、次は台風が来るからさ。まだまだイナゴは……、今度は、暑くなったらイナゴが増えるよ。イナゴとバッタが増えてくるからさ。あと、「地震《じしん》が来る」って予言されているから、地震も来るだろうよ。まあ、南部は津波《つなみ》も来るかもしれないねえ。だからねえ、台湾《たいわん》を侵攻《しんこう》したいんだろうと思うけど。李登輝《りとうき》も死んだから、台湾にも脅しをかけたいところだろうけど、そうはさせないよ。「内乱」のほうを大きくするように、今、やってるから。

「日本の企業《きぎょう》や工場も、早く引き揚《あ》げたほうがいい」

質問者A　今日、魯迅《ろじん》さんという方も、珍《めずら》しく来てくださいまして（本書第一部参照）。

洞庭湖娘娘　ああ。そうだね、そういう人も出なきゃいけない。

質問者A　はい。今、中国霊界《れいかい》のなかでも、やはり、今の独裁体制や唯物論《ゆいぶつろん》・無神論に対してアンチを張っている人たちが、頑張《がんば》ろうとはされているのでしょうか。

洞庭湖娘娘　「神のない国」だから、皇帝が〝神の代わり〟なんだよ。だから、皇帝的な独裁者が神になって、現人神《あらひとがみ》、日本の天皇の昔の姿みたいなのをやろうとしてるのよ。タイの国王なんかも神になりたがるけどね。

いや、これに対する……。要するに、生活がよければね、黙《だま》ってるかもしれないけど、「崩壊《ほうかい》」、「大崩壊」が、まもなく始まるから。今度は、金をいろんな国に貸し付けているやつも、「みんな返せ」って言い始めるから。このあたりに「大崩壊」が始まるから。

まあ、あとは、トランプさんをなめすぎているようだけど、トランプさんはあっさりと潰《つぶ》れたりはしないと思うよ。やるべきことはやると思う。もう、艦隊《かんたい》を送ってきてるしね。香港を理由にでも、ウイグルを理由にでも、いつでも攻撃《こうげき》は可能な状態になってますから。さらに、ウイグル政策をやっている中国政府の要人の資産凍結《とうけつ》まで、もうやっているんですからね。

質問者Ａ　確かに、ファーウェイもそうなんですけれども、TikTok《ティックトック》という、若者が使っている（中国製の）アプリをアメリカが排除《はいじょ》するという時点で、政治などに興味のない人たちでも、多少は、「中国って、そんなにやばいのかな」といったことを感じるものはありますよね。

洞庭湖娘娘　あと、日本の企業《きぎょう》、工場も早く引き揚《あ》げたほうがいいよ。引き揚げないと、アメリカのミサイル攻撃で、みんなはもう灰になっちゃうよ。だから、早く引き揚げたほうがいいし、日本人は、「いったん出たら、出入国《しゅつにゅうこく》が難しいから」って、出ないで頑張ってるけど、早く逃《に》げたほうがいいよ。攻撃されるよ、もうすぐ。

質問者Ａ　その可能性は、まだ残っていると。

洞庭湖娘娘　いや、もう、その予定だよ。やるよ。

質問者B　年内ですか。

洞庭湖娘娘　年内も、まあ、かからないよ。大統領選をちょっと今延ばそうとして、トランプさんも頑張ってはいるけどね（笑）。いや、〝大変な危機〟だから、ちょっと延ばそうとやったりしてはいるけど。

いやあ、でも、〝迫《せま》ってる〟よ。だから、早く日本に帰れる人は帰ったほうがいいよ。危ない。

台湾を取るどころか、自分のところがもう敗走するから、もうすぐ。まあ、三日もあれば、中国の主要部分は、もうほとんど壊滅《かいめつ》状態になるから。そのねえ、「技術力の差」を知らなければいけない。

アメリカをなめちゃいけないよ。「北朝鮮《きたちょうせん》も攻撃できないから、大したことない」と高をくくってるのよ。北朝鮮への対応を見て、「弱い」と見てるから。あれはねえ、トランプさんの戦略なんで、ええ。本当は、北朝鮮なんか相手にしてないから。
「中国が、もう本丸だ」と思ってるから。

2　世界に広がる「反中国」の包囲網《ほういもう》

反中国の「思想の発信源」を止めたい、中国の歴代指導者たちの霊《れい》

質問者Ａ　『大中華帝国崩壊《だいちゅうかていこくほうかい》への序曲』（前掲《ぜんけい》）という本が、今日ちょうど来たんですけれども、確かに、七月の中旬《ちゅうじゅん》以降、中国の方々がたくさんいらっしゃっているので。

洞庭湖娘娘　いっぱい来てるでしょ。困ってるのよ。

質問者Ａ　まあ、ある意味、困ってはいらっしゃるということですよね。

洞庭湖娘娘　本当に困ってるのよ。だから、この「思想の発信源」のところを止めに来ているわけよ。

質問者Ａ　なるほど。

洞庭湖娘娘　本当はゴマをすりたいんだけど、そこまで卑屈《ひくつ》になれないので、まず脅《おど》しをかけて。

質問者Ａ　プライドが高いから。

洞庭湖娘娘　まずは脅しをかけているんで。だけど、あのねえ、（中国の）ＧＤＰが日本の二倍も三倍もあるなんて、もう嘘《うそ》だよ。こんなのまったくの嘘だから。あるわけがないじゃないか。

質問者Ａ　はい。

洞庭湖娘娘　うん。だからねえ、まったく、国民は贅沢《ぜいたく》は全然してないのでね（笑）。全然、うん。

まあ、台湾《たいわん》ぐらいの生活をしててね、それで、十四億人がみんな平均的に台湾ぐらいの生活をしてるっていうなら、それは、日本よりＧＤＰは大きいだろうと思うけどさ。してないもん。

表向きに見えるところだけはやってるよ、上だけにね。あの、ガラクタのような巨大《きょだい》ビルを建てたりしてね、発展しているように見せてるけど、なかはひどいもんだよ。本当にひどいもんだよ。今回の水害で、もう、しばらくこれは、十年は立ち直れないね。

質問者A　ああ、もうすでに。

洞庭湖娘娘　そのくらいのひどさだよ。

質問者A　今のひどさで。

洞庭湖娘娘　そのくらいのひどさです。

そして、三峡《さんきょう》ダムも、もう、壊滅《かいめつ》状態になる可能性もあるから。中国の工業技術なんて大したことはないんで、もう、機能をまったく果たさないでいるからね、うん。

あと、軍事のほうもやってるつもりでいるが、中国がつくった、そんな空母だとか、潜水艦《せんすいかん》だとか、「アメリカに一発で仕留《しと》められる」から。まあ、見てたらいいよ。脅してるだけで。ええ、その性能が全然違《ちが》うから。

まあ、「因果応報《いんがおうほう》」でねえ、（中国を）日本から護《まも》ってくれた国っていうのを敵にしたら、今度は〝自分がやられる番〟になるのさ、うん。

まあ、いずれにしろ、歴代皇帝というか、主席というか、みな出てきても、洞庭湖娘娘あたりで軽くやられてしまうんだから、ねえ。揚子江《ようすこう》だけじゃないんだよ。黄河《こうが》もあるんだよ。

質問者A　うーん。

洞庭湖娘娘　黄河が溢《あふ》れたっていいしさ。冬は冬で、〝攻《せ》め道具〟がまだほかにもあるんだよ。「雪で埋《う》め尽《つ》くす」っていうことだってできるんだからさ。だからねえ、まあ、悲惨《ひさん》なチベットの人と同じような生活に戻《もど》してやるよ、うん。

今は、アジア諸国も欧米《おうべい》も「反中国」になっている

洞庭湖娘娘　あんな上海《シャンハイ》なんか、見えるところに、〝おっきなビル〟をいっぱい建てて、世界に発展したところを見せているけど、あんなの、ミサイルを撃《う》ったら、本当によく崩《くず》れるだろうねえ。ワン・ワールドの敵《かたき》みたいなのを、どこかでねえ、やってみたいでしょうね。バババババババーッと。

質問者A　トランプさんはできますかね。

洞庭湖娘娘　さあ、どうかね。アメリカがアメリカであるためには、やらなきゃいけないし。日本がやったりしたら、もっと面白《おもしろ》いがな。アハハハッ（笑）。

質問者B　（日本は）今のところ、できなそうです。

質問者Ａ　もう、総裁先生が夢で見たとおりの日本だと思いますね。攻められそうになっても、これを倒《たお》すことがはたして正しいのかどうかが分からないという。

洞庭湖娘娘　でもねえ？　台湾の李登輝《りとうき》が亡《な》くなったので、どうせ、中国がまともな反応するわけもないから、これを罵倒《ばとう》し、罵《ののし》るようなことをすると思うよ。で、怒《おこ》らせる、ね？　そういう、何て言うか、「反逆者が死んだ」と、「天罰《てんばつ》だ」とか、どうせ言うぐらいのことだろうからさ。

まあ、アジア諸国は、今、「反中国」だよ。ヨーロッパも「反中国」だよ。あと、アメリカもね。

だから、あれだけ何百万人も感染者《かんせんしゃ》が出てるっていうのを、アメリカが「すみませんでした」って、大統領が責任を取ってクビを取られるだけで済むと思うとるかっていうところだね、本当に。ブラジルだって戦いたくなるぐらいの感じだよね、本当にね。
まあ、十カ国艦隊ぐらいに包囲されたらいいんだわ、うん。「被害《ひがい》を受けた国は、全部、軍を出してください」って。
「万里《ばんり》の長城《ちょうじょう》をつくっても、なかで反乱が起きたらどうにもならない」

洞庭湖娘娘　もう、もうすぐ、まあ、どこかから漏《も》れるよ、必ず。なかから今、「内乱の気風《きふう》」が出ているから。情報を知っている人はいるから。

質問者A　分かりました。

洞庭湖娘娘　まあ、そう思うよね。悪はね、はびこれない。

質問者A　はい。

洞庭湖娘娘　君たちも「いい仕事」をしてる。だから、中国が取り入ろうとした国に行って伝道して、寝返《ねがえ》らせているからね、続々ね。

質問者Ａ　ドイツも行きましたし。

洞庭湖娘娘　ドイツも、カナダもそう。

質問者Ａ　台湾も。

洞庭湖娘娘　オーストラリアもそう。いやあ、あと、フィリピンだって、ちょっと力は得てるしねえ。台湾だって「勇気百倍」だからね。

質問者A　今年、総裁先生が、「イギリスとアメリカに行かなければいけないかな」とおっしゃっていたのですが、先ほどのお話を聞いていると、ちょうど中国もドンピシャで、〝そこを狙《ねら》っていた〟ということですものね。

洞庭湖娘娘　攻撃《こうげき》ね。

質問者A　はい。「そこを潰《つぶ》したい」と思っていたということですものね。

洞庭湖娘娘　ただねえ、許しはしないよ。彼ら（イギリス・アメリカ）はやっぱり世界のリーダーだよ。

質問者A　はい。

洞庭湖娘娘　だからねえ、許しはしない。
なかにねえ、内部で呼応する勢力っていうか、内部からも、「外国の勢力を歓迎《かんげい》して転覆《てんぷく》させたい」っていうものが出てきたら、それは一気に弱くなりますから、国は。万里《ばんり》の長城《ちょうじょう》をつくって外敵を防いだって、なかで反乱が起きたら、もうどうにもならない。

質問者Ａ　分かりました。
「洞庭湖畔《どうていこはん》にはエル・カンターレ像を建てたい」

質問者Ａ　中国国内で天意が働いている間に、日本もしっかりした国になるように頑張《がんば》って……。

洞庭湖娘娘　ああ、洞庭湖畔《どうていこはん》にはエル・カンターレ像を建てたい。

質問者A　素晴《すば》らしい。

洞庭湖娘娘　ええ。そして、日本の観光客にそれをお参《まい》りしてほしい。

質問者A　そうですね。

洞庭湖娘娘　洞庭湖娘娘は、歴代、悪魔《あくま》になった皇帝と戦いました。どうか、認めてください。

質問者A　はい。

洞庭湖娘娘　日本のみなさま、エル・カンターレの千百回目の公開霊言《れいげん》は、洞庭湖娘娘の話で終わりになりました。

質問者Ａ　本当ですね（笑）。

洞庭湖娘娘　バンザーイ！

質問者Ｂ　ありがとうございます。

質問者Ａ　ありがとうございました。

洞庭湖娘娘　はい、はい。

質問者A・B　（拍手《はくしゅ》）

質問者B　大川隆法総裁先生、本日は、千百回目の霊言を賜《たまわ》り、まことにありがとうございました！

大川隆法　はい。

質問者A　ありがとうございました。

あとがき

本書の意義は、魯迅や洞庭湖《どうていこ》娘娘《ニャンニャン》など、中国内部から、北京政府への批判が出て来ていることだろう。現在の北京政府の覇権《はけん》主義の背後には、秦の始皇帝の地獄の帝王としての存在もいることがはっきりした。マンガや映画で「キングダム」をはやらせた日本人は、専制君主の独裁の恐さを裁けないでいるのだろう。

香港や台湾は、今、大変な緊張下におかれていることだろう。そしてアメリカ合衆国と中国との対立関係が高まっている。中国は、民主党のバイデンを勝たそうとして、なりふりかまわず、アメリカ大統領選に介入している。

願わくは、日本の政治家やマスコミ人に神の正義とは何かに気づいてもらいたいものだ。そしてこの日本を、世界のリーダー国家として存在させようと願ってもらいたいものだ。

二〇二〇年　八月十一日

幸福《こうふく》の科学《かがく》グループ創始者兼総裁《そうししゃけんそうさい》　大川隆法《おおかわりゅうほう》

『公開霊言　魯迅の願い　中国に自由を』関連書籍

『自由・民主・信仰の世界』（大川隆法 著　幸福の科学出版刊）
『人の温もりの経済学』（同右）
『台湾・李登輝元総統　帰天第一声』（同右）
『シヴァ神の眼から観た地球の未来計画』（同右）
『未来創造の経済学
――公開霊言　ハイエク・ケインズ・シュンペーター――』（同右）
『大中華帝国崩壊への序曲――中国の女神 洞庭湖娘娘、泰山娘娘
／アフリカのズールー神の霊言――』（同右）
『秦の始皇帝の霊言　２１００ 中国・世界帝国への戦略』（同右）
『自由のために、戦うべきは今
――習近平 vs. アグネス・チョウ 守護霊霊言――』（同右）

『毛沢東の霊言』（同右）
『中国 虚像の大国――商鞅・韓非・毛沢東・林彪の霊言――』（同右）

公開霊言《こうかいれいげん》　魯迅《ろじん》の願《ねが》い　中国《ちゅうごく》に自由《じゆう》を

2020年8月12日　初版第1刷

著　者　　大《おお》　川《かわ》　隆《りゅう》　法《ほう》

発行所　　幸福の科学出版株式会社

〒107-0052 東京都港区赤坂2丁目10番8号
TEL(03)5573-7700
https://www.irhpress.co.jp/

印刷・製本　株式会社 研文社

落丁・乱丁本はおとりかえいたします

ISBN978-4-8233-0210-7 C0030

大川隆法ベストセラーズ・中国民主化への道

人の温もりの経済学

アフターコロナのあるべき姿

世界の「自由」を護り、「経済」を再稼働させるために──。コロナ禍で蔓延する全体主義の危険性に警鐘を鳴らし、「知恵のある自助論」の必要性を説く。

1,500円

大中華帝国崩壊への序曲

中国の女神 洞庭《どうてい》湖《こ》娘娘《ニャンニャン》、泰山《たいざん》娘娘《ニャンニャン》
／アフリカのズールー神の霊言

唯物論・無神論の国家が世界帝国になることはありえない──。コロナ禍に加え、バッタ襲来、大洪水等、中国で相次ぐ天災の「神意」と「近未来予測」。

1,400円

中国民主化運動の旗手 劉暁《りゅうぎょう》波《は》の霊言

自由への革命、その火は消えず

中国人初のノーベル平和賞受賞者が、死後8日目に復活メッセージ。天安門事件の人権弾圧に立ち会った劉氏が後世に託す、中国民主化への熱き思いとは。

1,400円

孫文のスピリチュアル・メッセージ

革命の父が語る中国民主化の理想

中国や台湾で「国父」として尊敬される孫文が、天上界から、中国の内部情報を分析するとともに、中国のあるべき姿について語る。

1,300円

※表示価格は本体価格(税別)です。

大川隆法 霊言シリーズ・中国の覇権主義への警鐘

守護霊霊言　習近平の弁明

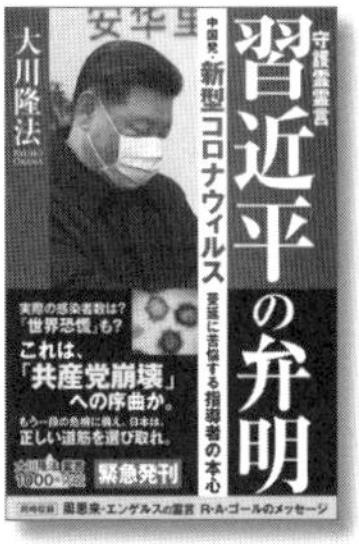

中国発・新型コロナウィルス蔓延に苦悩する指導者の本心

新型肺炎の全世界への感染拡大は「中国共産党崩壊」の序曲か——。中国政府の隠蔽体質の闇、人命軽視の悪を明らかにし、日本が取るべき正しい道筋を示す。

1,400 円

習近平守護霊 ウイグル弾圧を語る

ウイグル"強制収容所"の実態、チャイナ・マネーによる世界支配戦略、宇宙進出の野望——。暴走する独裁国家の狙い、そして、人権と信仰を護るための道とは。

1,400 円

習近平の娘・習明沢の守護霊霊言

「14 億人監視社会」
陰のリーダーの"本心"を探る

2030年から35年に米国を超え、世界制覇の野望を抱く中国。「監視社会」を陰で操る、習近平氏の娘・習明沢氏の恐るべき計画とは。毛沢東の後継者・華国鋒の霊言も収録。

1,400 円

「中華民国」初代総統 蔣介石の霊言

日本とアジアの平和を守る国家戦略

毛沢東と覇を競い、台湾に中華民国を建てた蔣介石は、今、中国をどう見ているのか。親中派の幻想を打ち砕く「歴史の真相」と「中国の実態」が語られる。

1,400 円

大川隆法ベストセラーズ・自由を護るために

大川隆法 思想の源流

ハンナ・アレントと「自由の創設」

ハンナ・アレントが提唱した「自由の創設」とは？「大川隆法の政治哲学の源流」が、ここに明かされる。著者が東京大学在学時に執筆した論文を特別収録。

1,800円

愛は憎しみを超えて

中国を民主化させる日本と台湾の使命

中国に台湾の民主主義を広げよ──。この「中台問題」の正論が、第三次世界大戦の勃発をくい止める。台湾と名古屋での講演を収録した著者渾身の一冊。

1,500円

Love for the Future

未来への愛

英語説法 英日対訳

過去の呪縛からドイツを解き放ち、中国の野望と第三次世界大戦を阻止するために──。ドイツ・ベルリンで開催された講演を、英日対訳で書籍化！

1,500円

自由・民主・信仰の世界

日本と世界の未来ビジョン

国民が幸福であり続けるために──。未来を拓くための視点から、日米台の関係強化や北朝鮮問題、日露平和条約などについて、日本の指針を示す。

1,500円

※表示価格は本体価格（税別）です。

大川隆法ベストセラーズ・地球神の計画を語る

新しき繁栄の時代へ

地球にゴールデン・エイジを実現せよ

アメリカとイランの対立、中国と香港・台湾の激突、地球温暖化問題、国家社会主義化する日本──。混沌化する国際情勢のなかでの、世界のあるべき姿とは。

1,500円

釈尊の未来予言

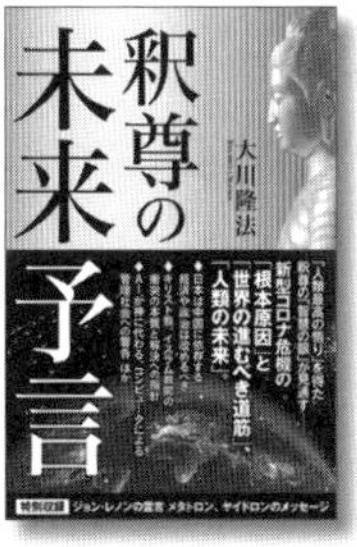

新型コロナ危機の今と、その先をどう読むか──。「アジアの光」と呼ばれた釈尊が、答えなき混沌の時代に、世界の進むべき道筋と人類の未来を指し示す。

1,400円

シヴァ神の眼から観た地球の未来計画

コロナはまだ序章にすぎないのか? 米中覇権戦争の行方は? ヒンドゥー教の最高神の一柱・シヴァ神の中核意識より、地球の未来計画の一部が明かされる。

1,400円

メタトロンの霊言

危機にある地球人類への警告

中国と北朝鮮の崩壊、中東で起きる最終戦争、裏宇宙からの侵略──。キリストの魂と強いつながりを持つ最上級天使メタトロンが語る、衝撃の近未来。

1,400円

大川隆法シリーズ・**最新刊**

五島勉「ノストラダムスの大予言」発刊の真意を語る

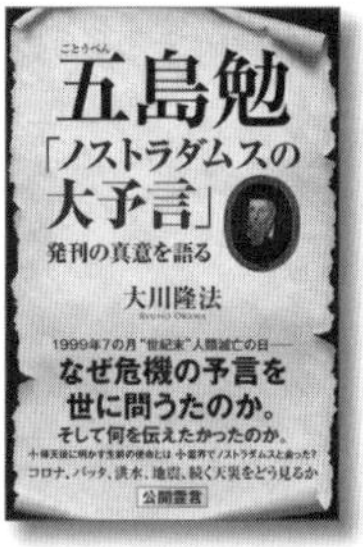

かつて日本に世紀末ブームを巻き起こした「ノストラダムスの大予言」。その著者・五島勉氏が帰天後に語った、予言の真相、生前の使命、人類の未来とは？

1,400円

夢判断

悪夢や恐怖体験の真相を探る

幽霊との遭遇、過去世の記憶、金縛り、そして、予知夢が示すコロナ禍の近未来──。7人の実体験をスピリチュアルな視点から徹底解明した「霊的世界入門」。

1,500円

トマス・モアのユートピアの未来

コロナ・パンデミック、ブレグジット問題、AIによる監視社会など、混乱を極める世界において、真の「ユートピア」を実現するための見取り図を示す。

1,400円

地獄に堕ちた場合の心得

「あの世」に還る前に知っておくべき智慧

身近に潜む、地獄へ通じる考え方とは？地獄に堕ちないため、また、万一、地獄に堕ちたときの「救いの命綱」となる一冊。〈付録〉中村元・渡辺照宏の霊言

1,500円

※表示価格は本体価格（税別）です。

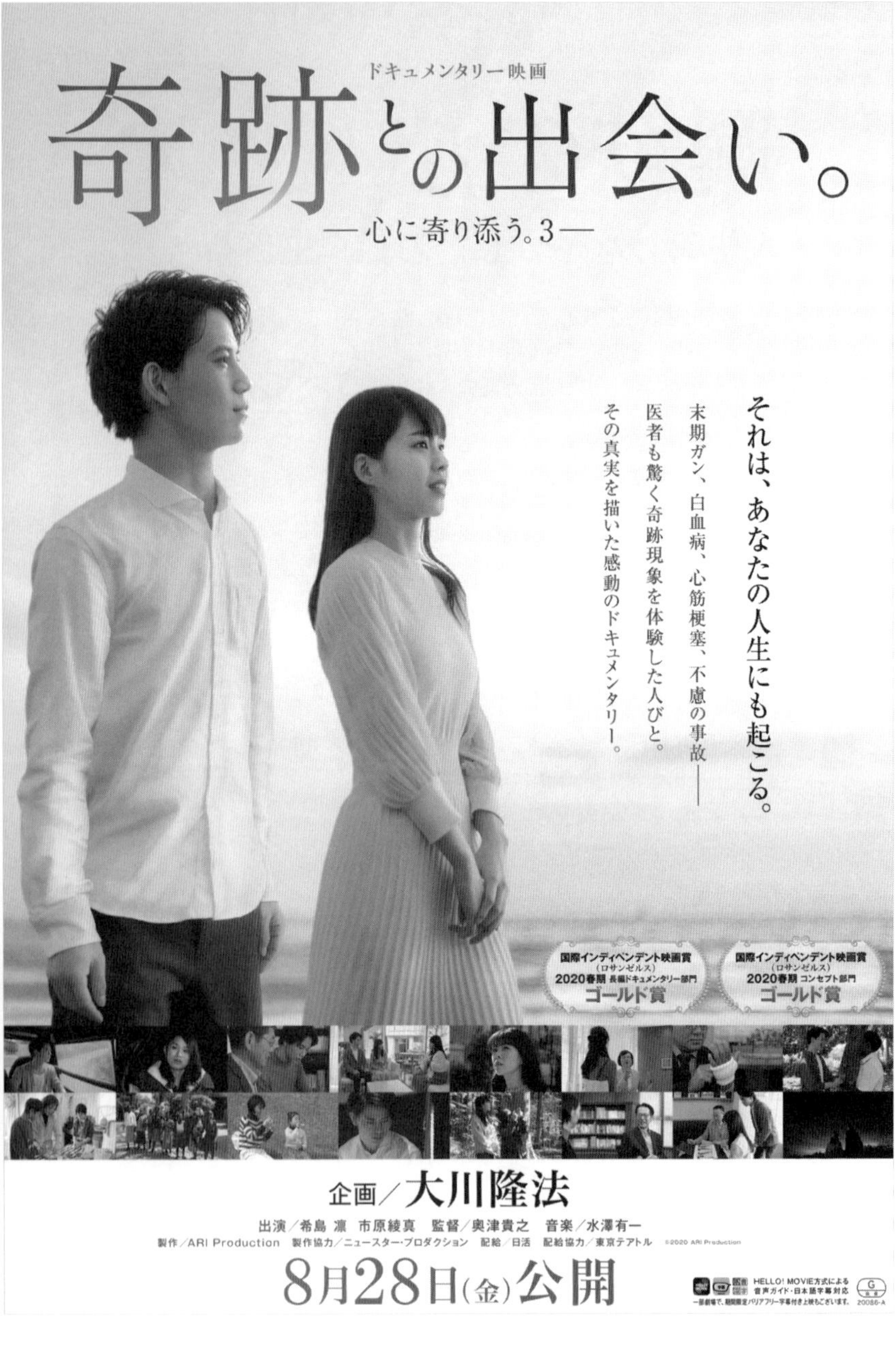

ドキュメンタリー映画
奇跡との出会い。
―心に寄り添う。3―
それは、あなたの人生にも起こる。
末期ガン、白血病、心筋梗塞、不慮の事故――
医者も驚く奇跡現象を体験した人びと。
その真実を描いた感動のドキュメンタリー。
国際インディペンデント映画賞（ロサンゼルス）2020春期 長編ドキュメンタリー部門 ゴールド賞
国際インディペンデント映画賞（ロサンゼルス）2020春期 コンセプト部門 ゴールド賞
企画／大川隆法
出演／希島 凛　市原綾真　監督／奥津貴之　音楽／水澤有一
製作／ARI Production　製作協力／ニュースター・プロダクション　配給／日活　配給協力／東京テアトル
©2020 ARI Production
8月28日（金）公開
HELLO! MOVIE方式による音声ガイド・日本語字幕対応
一部劇場で、期間限定バリアフリー字幕付き上映もございます。
G
20086-A

幸福の科学グループのご案内

宗教、教育、政治、出版などの活動を通じて、地球的ユートピアの実現を目指しています。

幸福の科学

一九八六年に立宗。信仰の対象は、地球系霊団の最高大霊、主エル・カンターレ。世界百カ国以上の国々に信者を持ち、全人類救済という尊い使命のもと、信者は、「愛」と「悟り」と「ユートピア建設」の教えの実践、伝道に励んでいます。

（二〇二〇年八月現在）

愛

幸福の科学の「愛」とは、与える愛です。これは、仏教の慈悲《じひ》や布施《ふせ》の精神と同じことです。信者は、仏法真理をお伝えすることを通して、多くの方に幸福な人生を送っていただくための活動に励んでいます。

悟り

「悟り」とは、自らが仏の子であることを知るということです。教学《きょうがく》や精神統一によって心を磨き、智慧《ちえ》を得て悩みを解決すると共に、天使・菩薩《ぼさつ》の境地を目指し、より多くの人を救える力を身につけていきます。

ユートピア建設

私たち人間は、地上に理想世界を建設するという尊い使命を持って生まれてきています。社会の悪を押しとどめ、善を推し進めるために、信者はさまざまな活動に積極的に参加しています。

国内外の世界で貧困や災害、心の病で苦しんでいる人々に対しては、現地メンバーや支援団体と連携して、物心両面にわたり、あらゆる手段で手を差し伸べています。

年間約２万人の自殺者を減らすため、全国各地で街頭キャンペーンを展開しています。

公式サイト **www.withyou-hs.net**

自殺防止相談窓口

受付時間　火〜土:10〜18時（祝日を含む）

TEL **03-5573-7707** メール **withyou-hs@happy-science.org**

ヘレン・ケラーを理想として活動する、ハンディキャップを持つ方とボランティアの会です。視聴覚障害者、肢体不自由な方々に仏法真理を学んでいただくための、さまざまなサポートをしています。

公式サイト **www.helen-hs.net**

入会のご案内

幸福の科学では、大川隆法総裁が説く仏法真理《ぶっぽうしんり》をもとに、「どうすれば幸福になれるのか、また、他の人を幸福にできるのか」を学び、実践しています。

入会

仏法真理を学んでみたい方へ

大川隆法総裁の教えを信じ、学ぼうとする方なら、どなたでも入会できます。入会された方には、『入会版「正心法語《しょうしんほうご》」』が授与されます。

ネット入会 入会ご希望の方はネットからも入会できます。
happy-science.jp/joinus

三帰《さんき》誓願《せいがん》

信仰をさらに深めたい方へ

仏弟子としてさらに信仰を深めたい方は、仏《ぶっ》・法《ぽう》・僧《そう》の三宝《さんぽう》への帰依を誓う「三帰誓願式」を受けることができます。三帰誓願者には、『仏説・正心法語』『祈願文《きがんもん》①』『祈願文②』『エル・カンターレへの祈り』が授与されます。

幸福の科学 サービスセンター
TEL 03-5793-1727 （受付時間／火〜金：10〜20時 土・日祝：10〜18時（月曜を除く））

幸福の科学 公式サイト
happy-science.jp

ハッピー・サイエンス・ユニバーシティ

Happy Science University

ハッピー・サイエンス・ユニバーシティとは

ハッピー・サイエンス・ユニバーシティ（HSU）は、大川隆法総裁が設立された「現代の松下村塾」であり、「日本発の本格私学」です。建学の精神として「幸福の探究と新文明の創造」を掲げ、チャレンジ精神にあふれ、新時代を切り拓く人材の輩出を目指します。

人間幸福学部　経営成功学部　未来産業学部

HSU長生キャンパス TEL **0475-32-7770**
〒299-4325　千葉県長生郡長生村一松丙 4427-1

未来創造学部

HSU未来創造・東京キャンパス
TEL **03-3699-7707**
〒136-0076　東京都江東区南砂2-6-5

公式サイト **happy-science.university**

学校法人 幸福の科学学園

学校法人 幸福の科学学園は、幸福の科学の教育理念のもとにつくられた教育機関です。人間にとって最も大切な宗教教育の導入を通じて精神性を高めながら、ユートピア建設に貢献する人材輩出を目指しています。

幸福の科学学園
中学校・高等学校（那須本校）
2010年4月開校・栃木県那須郡（男女共学・全寮制）
TEL **0287-75-7777** 公式サイト **happy-science.ac.jp**

関西中学校・高等学校（関西校）
2013年4月開校・滋賀県大津市（男女共学・寮及び通学）
TEL **077-573-7774** 公式サイト **kansai.happy-science.ac.jp**

仏法真理塾「サクセスNo.1」

全国に本校・拠点・支部校を展開する、幸福の科学による信仰教育の機関です。小学生・中学生・高校生を対象に、信仰教育・徳育にウエイトを置きつつ、将来、社会人として活躍するための学力養成にも力を注いでいます。

TEL 03-5750-0751（東京本校）

エンゼルプランV

東京本校を中心に、全国に支部教室を展開しています。信仰に基づいて、幼児の心を豊かに育む情操教育を行っています。また、知育や創造活動を通して、子どもの個性を大切に伸ばし、天使に育てる幼児教室です。

TEL 03-5750-0757（東京本校）

不登校児支援スクール「ネバー・マインド」

TEL 03-5750-1741

心の面からのアプローチを重視して、不登校の子供たちを支援しています。

ユー・アー・エンゼル！（あなたは天使！）運動

障害児の不安や悩みに取り組み、ご両親を励まし、勇気づける、障害児支援のボランティア運動を展開しています。

一般社団法人 ユー・アー・エンゼル
TEL 03-6426-7797

NPO活動支援

学校からのいじめ追放を目指し、さまざまな社会提言をしています。また、各地でのシンポジウムや学校への啓発ポスター掲示等に取り組む一般財団法人「いじめから子供を守ろうネットワーク」を支援しています。

公式サイト mamoro.org　ブログ blog.mamoro.org
相談窓口 TEL.03-5544-8989

百歳まで生きる会

「百歳まで生きる会」は、生涯現役人生を掲げ、友達づくり、生きがいづくりをめざしている幸福の科学のシニア信者の集まりです。

シニア・プラン21

生涯反省で人生を再生・新生し、希望に満ちた生涯現役人生を生きる仏法真理道場です。定期的に開催される研修には、年齢を問わず、多くの方が参加しています。
全世界212カ所（国内197カ所、海外15カ所）で開校中。

【東京校】 TEL 03-6384-0778　FAX 03-6384-0779
メール senior-plan@kofuku-no-kagaku.or.jp

幸福実現党

内憂外患《ないゆうがいかん》の国難に立ち向かうべく、2009年5月に幸福実現党を立党しました。創立者である大川隆法党総裁の精神的指導のもと、宗教だけでは解決できない問題に取り組み、幸福を具体化するための力になっています。

幸福実現党 釈量子サイト　**shaku-ryoko.net**
Twitter　**釈量子@shakuryokoで検索**

党の機関紙
「幸福実現党NEWS」

幸福実現党　党員募集中

あなたも幸福を実現する政治に参画しませんか。

○幸福実現党の理念と綱領、政策に賛同する18歳以上の方なら、どなたでも参加いただけます。
○党費：正党員（年額5千円［学生 年額2千円］）、特別党員（年額10万円以上）、家族党員（年額2千円）
○党員資格は党費を入金された日から1年間です。
○正党員、特別党員の皆様には機関紙「幸福実現党NEWS（党員版）」（不定期発行）が送付されます。

＊申込書は、下記、幸福実現党公式サイトでダウンロードできます。
住所：〒107-0052　東京都港区赤坂2-10-8 6階 幸福実現党本部
TEL **03-6441-0754**　FAX **03-6441-0764**
公式サイト **hr-party.jp**

幸福の科学出版

大川隆法総裁の仏法真理の書を中心に、ビジネス、自己啓発、小説など、さまざまなジャンルの書籍・雑誌を出版しています。他にも、映画事業、文学・学術発展のための振興事業、テレビ・ラジオ番組の提供など、幸福の科学文化を広げる事業を行っています。

アー・ユー・ハッピー?
are-you-happy.com

ザ・リバティ
the-liberty.com

幸福の科学出版
TEL **03-5573-7700**
公式サイト **irhpress.co.jp**

THE FACT

ザ・ファクト
マスコミが報道しない
「事実」を世界に伝える
ネット・オピニオン番組

ザ・ファクト 検索

NEW STAR PRODUCTION

ニュースター・プロダクション

「新時代の美」を創造する芸能プロダクションです。多くの方々に良き感化を与えられるような魅力あふれるタレントを世に送り出すべく、日々、活動しています。 公式サイト **newstarpro.co.jp**

ARI Production

ARI《アリ》 Production《プロダクション》

タレント一人ひとりの個性や魅力を引き出し、「新時代を創造するエンターテインメント」をコンセプトに、世の中に精神的価値のある作品を提供していく芸能プロダクションです。 公式サイト **aripro.co.jp**

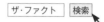

大川隆法　講演会のご案内

大川隆法総裁の講演会が全国各地で開催されています。講演のなかでは、毎回、「世界教師」としての立場から、幸福な人生を生きるための心の教えをはじめ、世界各地で起きている宗教対立、紛争、国際政治や経済といった時事問題に対する指針など、日本と世界がさらなる繁栄の未来を実現するための道筋が示されています。

2019年12月17日 さいたまスーパーアリーナ「新しき繁栄の時代へ」

2019年10月6日 ザ ウェスティン ハーバー キャッスル トロント(カナダ)「The Reason We Are Here」

2019年7月5日 福岡国際センター「人生に自信を持て」

2019年3月3日 グランド ハイアット 台北(台湾)「愛は憎しみを超えて」

2019年7月13日 ホテル イースト21 東京「幸福への論点」

講演会には、どなたでもご参加いただけます。最新の講演会の開催情報はこちらへ。⟹ 大川隆法総裁公式サイト https://ryuho-okawa.org